NATUR-GEWALTEN

© VEMAG Verlags- und Medien Aktiengesellschaft, Köln
Umsetzung: AMS Autoren- und Medienservice, Reute
unter Mitwirkung der Autorin Annette Bauer
Gesamtherstellung: VEMAG Verlags- und Medien Aktiengesellschaft, Köln
Alle Rechte vorbehalten
ISBN 3-8299-4115-3

WISSEN
für Kinder

NATUR-
GEWALTEN

INHALT

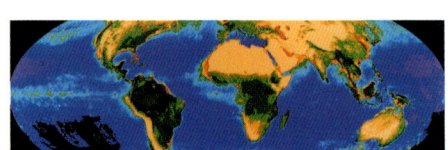

NATURKRÄFTE

Woher kommen wir? Wieso konnte auf der Erde Leben entstehen? Wie wirken und entfalten sich die Kräfte der Natur? Seit jeher beschäftigen sich Menschen aller Kulturen mit diesen Fragen, die Grundlagen unseres Daseins berühren. Und schon immer war es eine Herausforderung für die Menschheit, mit den Elementen der Natur – Erde, Feuer, Wasser, Luft – zu leben oder sie gar zu beherrschen. Wie kann der Mensch die Natur beeinflussen und sie sich nutzbar machen? Antworten auf diese und weitere grundlegende Fragen werden in diesem Kapitel gegeben.

Seit wann gibt es Leben auf der Erde?

Die Erde war schon etwa eine Milliarde Jahre alt, als die ersten Lebewesen in Erscheinung traten: Vor 3,8 Milliarden Jahren tauchten winzige Organismen, so genannte Prokaryonten auf, die etwa so groß wie Bakterien waren. Sie bestanden aus nur einer einzigen Zelle und konnten – etwas Bahnbrechendes – Photosynthese betreiben. Photosynthese ist ein Vorgang, bei dem ein Lebewesen Sonnenenergie in chemische Energie umwandelt und dabei Sauerstoff, quasi als Abfall, in die Umgebung abgibt. Eine weitere Milliarde Jahre musste vergehen, bis sich so viel Sauerstoff angesammelt hatte, dass sich mehrzellige Wesen ausbreiten konnten.

Weiß man, wie das Leben entstanden ist?

Die Frage, wie das Leben entstanden ist, bleibt bis heute eines der großen Rätsel der Wissenschaft. Was muss geschehen, damit tote Materie lebendig wird? Bis in die 50er Jahre des 20. Jahrhunderts nahm man an, dass Leben immer von Lebendigem abstammt.

Kam das Leben aus dem Weltall?

Manche Wissenschaftler vertreten die Ansicht, dass das Leben auf der Erde aus dem Weltall stammt – in Form von winzigen Eisteilchen, die sich durch Bestrahlung mit ultraviolettem Licht in bläschenartige Gebilde, die so genannten Protozellen, verwandeln.

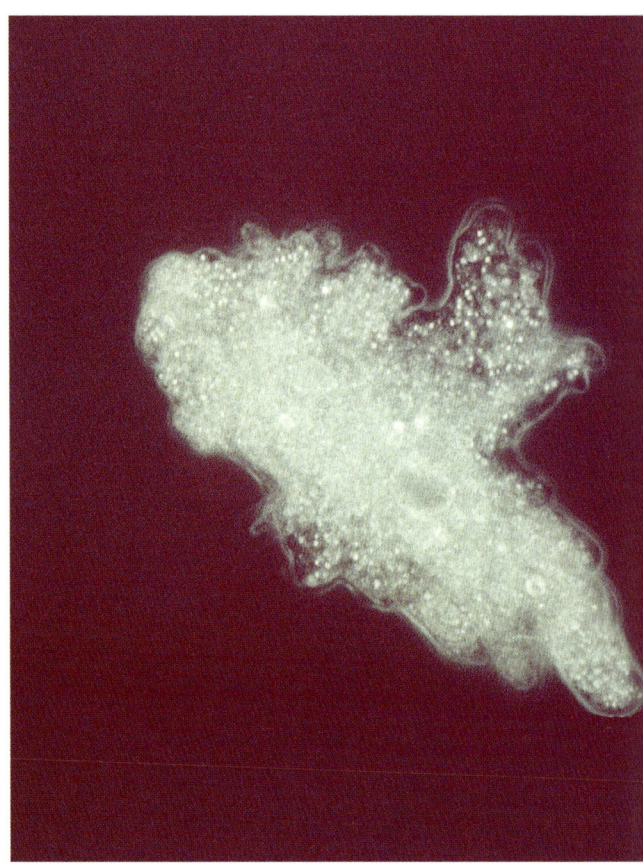

Amöbe in mikroskopischer Vergrößerung. Wie alle Einzeller gilt sie als das Urbild des Lebens und Baustein für die Körper aller Vielzeller, der Pflanzen und Tiere.

Phänomene, mit denen uns die Kräfte der Natur am meisten beeindrucken – Gewitter, Blitze, Vulkanausbrüche, Erdbeben oder wie hier ein Kometeneinschlag –, sind Ausdruck dieser überragenden Gewalten.

In einem berühmt gewordenen Versuch „baute" in den 1950er Jahren Stanley Miller die Erde und die Ozeane mit einem Gasgemisch, das der einstigen Zusammensetzung entsprach, im Labor nach. Diese Miniaturwelt beschoss er ständig mit künstlichen Blitzen, die die Energie zur Umwandlung der Materie liefern sollten. Und – siehe da: Schon nach wenigen Tagen hatten sich einfache organische Verbindungen gebildet, wichtige Bausteine des Lebens.

Was versteht man unter „Ursuppe"?

Vor 800 Millionen Jahren beschleunigte sich die Entwicklung von Lebewesen auf der Erde enorm. Einzeller schlossen sich zu mehreren Zellen zusammen und entwickelten immer vielschichtigere Formen wirbelloser Tiere wie Korallen und Quallen. Die ersten Schalen- und Wirbeltiere, die Vorfahren unserer heutigen Tintenfische, Krebse und Fische, entstanden vor rund 600 Millionen Jahren.

Welches waren die ersten Lebewesen der Erde?

237 Millionen Jahre später gingen die ersten Amphibien an Land; sie legten ihre Eier aber noch im Wasser ab. Erst die Reptilien konnten auch trockene Lebensräume besiedeln, da ihre Eier gegen Verdunstung geschützt waren.

Wann gingen die ersten Amphibien an Land?

Die Dinosaurier zählen ebenfalls zu den Reptilien. Sie beherrschten das Land im Zeitraum von vor 245 bis 65 Millionen Jahren. Dinosaurier gab es in einer großen Arten- und Formenvielfalt: als riesige Räuber, als Rudeljäger und als große und kleine Pflanzenfresser.

Wann lebten die Dinosaurier?

Die Dinosaurier starben vor 65 Millionen Jahren aus. Am wahrscheinlichsten ist, dass Klimaveränderungen ihre Lebensbedingungen zunehmend verschlechterten. Die meisten Arten existierten nur zwei bis zehn Millionen Jahre.

Wann starben die Dinosaurier aus?

Was machte Säugetiere in der Entwicklungsgeschichte so erfolgreich?

Seit dem Untergang der Dinosaurier vor 65 Millionen Jahren traten die Säugetiere ihren Siegeszug über die Erde an. Die ersten Ursäugetiere, die den heutigen Nagetieren glichen, entwickelten sich bereits vor über 200 Millionen Jahren aus den Reptilien. Gegenüber ihren reptilienartigen Vorfahren besaßen die Säugetiere einige entscheidende Vorteile: Ein Herz mit vier Kammern und Lungen mit großer Oberfläche ermöglichten den warmblütigen Tieren körperliche Höchstleistungen; durch den Haarpelz konnten sie ihre Körpertemperatur gleichmäßig aufrechterhalten; eine verbesserte Beinstellung machte sie gegenüber den Reptilien und Dinosauriern beweglicher, und die Geburt lebender Junge, die mit der Muttermilch eine hochkonzentrierte Kraftnahrung erhielten, unterstützte ein schnelles Wachstum.

Wieso gibt es Kängurus nur in Australien?

Vor 130 Millionen Jahren waren Australien, die Antarktis und Südamerika noch ein einziger Kontinent. Hier hatten sich Beuteltiere, deren bekanntester Vertreter das Känguru ist, angesiedelt. Durch die Verschiebung der Kontinentalplatten wurde Australien von anderen Kontinenten vollständig isoliert. Daher konnten sich dort die Beuteltiere ungestört weiterentwickeln. Auf den anderen Kontinenten wurden die Beuteltiere im Laufe der Entwicklung von den höheren Säugetieren verdrängt.

Was versteht man unter Beuteltieren?

Säugetiere kann man in zwei Gruppen aufteilen: in Plazentatiere und Beuteltiere. Während Plazentatiere ihre Nachkommen im Mutterleib durch den Mutterkuchen, die so genannte Plazenta, ernähren, ziehen Kängurus und andere Beuteltiere ihre Jungen nach einer sehr frühen Geburt in einem Beutel am Bauch groß. Auch wenn die Jungen schon alt genug sind, kehren sie stets in den schützenden Beutel der Mutter zurück. Weitere Beuteltiere neben dem Känguru sind Koalas und Wombats – typische australische „Exoten".

Dinosaurier lebten vor ungefähr 200 Millionen Jahren, erreichten eine Höhe von über zehn Metern, eine Länge von 30 Metern. Sie hatten einen kleinen Kopf, einen langen Hals und einen langen Schwanz.

Korallen sind gesellig lebende kleine Hohltiere und zählen zu den ersten Lebewesen in der Entwicklungsgeschichte des Lebens.

Vergleicht man die Entwicklungsgeschichte der Erde mit den 24 Stunden eines Tages, so trat der Mensch erst in den letzten 30 Sekunden vor Mitternacht in Erscheinung. Der so genannte Australopithecus, Vorläufer des heutigen Menschen, lebte vor etwa zwei Millionen Jahren. Erst seit etwa 100 000 Jahren gibt es uns (Homo sapiens sapiens) so, wie wir heute sind, mit einer steilen Stirn, einer gleichmäßigen Rundung des Schädeldachs und der Fähigkeit des aufrechten Gangs.

Der Mensch – ein „Neuling" in der Entwicklungsgeschichte? Menschlicher Handabdruck einer frühen Höhlenmalerei.

Es gibt Lebewesen, die sich über Jahrmillionen kaum verändert haben; manche gelten sogar als ausgestorben, bis man sie wiederentdeckt. Dies geschah 1938 an der Südküste Afrikas, als ein Fischer einen ihm völlig unbekannten Fisch an Land zog. Wissenschaftler stellten fest, dass es sich bei dem Fang um einen Quastenflosser handelte – der, so glaubte man, bereits seit 70 Millionen Jahren ausgestorben war. Der Quastenflosser ist ein lebendes Bindeglied zwischen Fischen und vierfüßigen Wirbeltieren, das bisher nur aus fossilen Funden bekannt war. Wissenschaftler studieren die Entwicklung des Lebens in frühen Phasen der Erdgeschichte auch an Fossilien, den Überresten von Lebewesen der Urgeschichte.

Wieso ist der Quastenflosser ein lebendes Fossil?

Charles Darwin, geboren 1809, war Biologe und hat mit seiner Theorie von der Entwicklung der Lebewesen (Evolutionstheorie) die zur damaligen Zeit herrschenden Vorstellungen von der Entstehung des Menschen und der Artenvielfalt radikal revolutioniert.

Wer war der Forscher Charles Darwin?

Darwin hatte beobachtet, dass der Überlebenswettbewerb in der Tier- und Pflanzenwelt eine natürliche Auslese bewirkte. Wer besonders gut an seine Umgebung angepasst war oder sich flexibel auf neue Bedingungen einstellen konnte, hatte die besten Überlebenschancen. Dies sei der Motor für die Entwicklung der Arten, nicht die Schöpfungsgeschichte der Bibel, so Darwins Theorie.

Was hatte Darwin beobachtet?

Mutation ist ein plötzlicher Sprung in der Evolution einer Art. Die Natur bringt fortlaufend genetisch veränderte Lebewesen hervor, die ihre neuen Eigenschaften vererben und sich in der Umwelt behaupten müssen. Die Selektion, also die natürliche Auslese, führt dazu, dass sich vorteilhafte Neuerungen behaupten und weniger vorteilhafte wieder verschwinden.

Was versteht man unter Mutation und Selektion?

Wie sah die „Ur-Erde" aus?

Kurz nach ihrer Entstehung vor 4,6 Milliarden Jahren war die Erde eine Feuerkugel aus flüssiger Materie ohne Ozeane, Kontinente und Atmosphäre. Im Laufe der Jahrmillionen kühlte sie allmählich ab, sodass sich die Oberfläche verfestigen konnte. Sie bestand allerdings nur aus Basaltgestein und war zu schwach, um den heftigen Bewegungen im Innern standzuhalten.

Sahen die Kontinente schon immer so aus wie heute?

Vor 230 Millionen Jahren hingen noch alle heutigen Erdteile zusammen. Diesen Super-Kontinent nennen Wissenschaftler Pangaea. Plattenverschiebungen und -brüche veränderten die Erdkruste seither ständig. Heute besteht die Erde aus etwa sieben großen und über 20 kleinen tektonischen Platten, die – ähnlich wie Eisschollen – auf dem halbflüssigen Erdmantel schwimmen.

Wie sieht das Innere der Erde aus?

Die Erde besteht in ihrem Innern aus mehreren Schichten, die einander umschließen. Die Erdkruste ist die äußerste und dünnste Schicht und beträgt im Durchschnitt nur 30 Kilometer. Darunter liegt der Erdmantel, der 2900 Kilometer dick ist und aus zähflüssigem geschmolzenem Gestein besteht. Die oberste Schicht des Erdmantels ist das Magma, das bei Vulkanausbrüchen zutage tritt. Der Erdkern ist mit 5000 °C eine unvorstellbar heiße Metallkugel.

Satellitenaufnahme vom südlichen Europa. Aus großer Höhe wird die Entstehung der Alpen durch vulkanische Auffaltungen deutlich.

Entstehung des Sonnensystems in einer Zeichnung, die Gas- und Staubteilchen rund um die eben geborene Sonne zeigt.

Die Erdplatten sind ständig in Bewegung. Treffen zwei Kontinentalplatten aufeinander, geschieht dies mit solcher Wucht, dass Gesteine hochgehoben, gequetscht und gefaltet werden. Auf diese Weise entstanden der Himalaja, die Anden und die Alpen – und wachsen immer noch weiter.

Wie entstehen Verwerfungen und Gebirge?

Da die Erde nicht gleichmäßig rund, sondern am Süd- und Nordpol leicht abgeflacht ist, schwanken auch die Werte bei der Vermessung der Erde. Am Äquator ist der Erdumfang mit 40 075 Kilometern am größten. Der Durchmesser beträgt am Äquator 12 756 Kilometer, an den Polen jedoch 43 Kilometer weniger.

Wie groß ist die Erde?

Je nach der Art, in der Gesteine entstanden sind, unterteilt man sie in unterschiedliche Typen. Sedimentgestein entsteht an der Erdoberfläche. Es handelt sich dabei um Ablagerungen (Sand, Muscheln, Tierknochen, Pflanzen), die sich auf dem urzeitlichen Meeresboden gebildet haben.

Wie entsteht Gestein?

Ein anderer Gesteinstyp ist das magmatische Gestein, das durch das Erkalten von Magma in der Erdkruste entsteht. Dazu zählen Quarze, Granit und Basalt.

Was ist magmatisches Gestein?

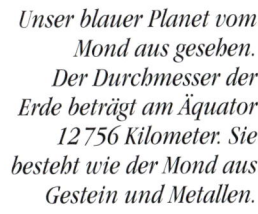

Unser blauer Planet vom Mond aus gesehen. Der Durchmesser der Erde beträgt am Äquator 12 756 Kilometer. Sie besteht wie der Mond aus Gestein und Metallen.

Am Anfang war das Feuer?

Wissenschaftler vermuten, dass der Mensch die Fähigkeit, Feuer zu beherrschen, erst vor etwa 400 000 Jahren erlernt hat. Die Kunst, Feuer selbst zu entzünden ist aber deutlich jünger – man vermutet, dass Neandertaler vor etwa 40 000 Jahren diese Technik entwickelten. Die Erfindung des Feuermachens war ein Meilenstein in der menschlichen Entwicklung.

Was geschieht beim Feuermachen?

Feuer entzündet sich erst bei hohen Temperaturen; Holz, der weltweit wichtigste Brennstoff, fängt bei 300 °C Feuer. Was geschieht nun genau? Kleine Teilchen des Brennmaterials sausen in die Luft. Dort reagieren sie mit dem Sauerstoff, heizen sich auf und beginnen zu leuchten.

Was ist eine Flamme?

Diese unzähligen Lichtpunkte sieht man als Flamme. Nicht das Holz oder die Kerze selbst brennt also, sondern die Gasteilchen darüber.

Wie entstehen Waldbrände?

Nahezu jedes Jahr hört man in den Nachrichten Berichte über katastrophale Waldbrände in Südeuropa, in den USA oder in Australien.

Welche Wälder sind besonders gefährdet?

Nach langen Trockenzeiten sind vor allem Nadelwälder gefährdet, da die harzhaltigen Nadeln leicht Feuer fangen. Ein Blitz, ein Lagerfeuer, eine weggeworfene Zigarette genügen oft schon, um verheerende Feuerwalzen auszulösen.

Wissenschaftler vermuten, dass der Mensch erst vor 400 000 Jahren gelernt hat, das Feuer zu beherrschen.

Immer wieder bedrohen katastrophale Waldbrände ganze Siedlungen, deren Bewohner evakuiert werden müssen.

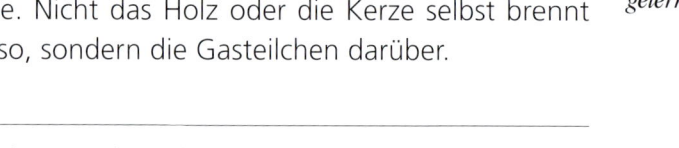

Buschfeuer, wie sie in Australien schon immer Teil der Natur sind, werden häufig durch kontrollierte Gegenfeuer bekämpft.

Wie entzündeten unsere Vorfahren Feuer?

Um ein Feuer zu entzünden, braucht man Brennmaterial, Hitze und Sauerstoff. In der Natur entsteht die Startwärme oft durch Blitzschlag, wenn zum Beispiel ein Blitz in einen Baum einschlägt. Unsere Vorfahren haben mithilfe von Feuerbohrern und Feuerstein versucht, Funken zu erzeugen, die getrocknetes Material wie Gras, Stroh und Zunder zum Brennen brachten. Das war eine schwierige und zeitraubende Angelegenheit, die viel Übung brauchte. Weil dies so schwierig war und viel Geduld erforderte, versuchte man, ein Herdfeuer so lange wie möglich am Brennen oder Glimmen zu halten, um es bei Bedarf wieder auflodern zu lassen.

Als Buschfeuer bezeichnet man Brände, die hauptsächlich in Gras- und Steppenlandschaften vorkommen. Die Flammen ernähren sich hier überwiegend von trockenem Gras.

Was sind Buschfeuer?

In Australien, wo Buschfeuer schon immer Teil der Natur sind, heizen die zahlreich vorkommenden Eukalyptusbäume wegen ihres hohen Gehalts an ätherischen Ölen das Feuer zusätzlich an.

Warum sind Buschfeuer in Australien schwer zu bekämpfen?

Löschtrupps schlagen Schneisen, heben Gräben aus oder legen kontrollierte Gegenfeuer, um das Ausbreiten der Flammen zu verhindern.

Wie kann man Buschfeuer löschen?

Auch Flammen hemmende Chemikalien kommen zum Einsatz. Sie werden von Kleinflugzeugen großflächig gestreut.

Kann Chemie helfen?

Wie kommt das Wasser auf die Erde?

Die Feuerkugel, aus der die Erde vor 4,6 Milliarden Jahren entstand, kühlte im Lauf der Jahrmillionen immer mehr ab. Vulkane spuckten Gase und Wasserdampf aus dem brodelnden Erdinnern nach oben. Durch die Abkühlung der Erde verdunstete der Wasserdampf nicht mehr sofort, sondern bildete Niederschlag.

Wann trat die erste „Sintflut" auf?

Vor etwa 4,2 Milliarden Jahren kam es auf diese Weise zur ersten „Sintflut" der Erdgeschichte: Ein 40 000 Jahre dauernder Regen setzte ein.

Wie viel Wasser gibt es auf der Erde?

Über 70 Prozent der Erde sind mit Meeren bedeckt. Schätzungen gehen von einer Gesamtwassermenge von etwa 1,5 Milliarden Kubikmetern aus. Könnte man das ganze Wasser in einen Würfel füllen, wären dessen Kanten etwa 1150 Kilometer lang.

Kann man alles Wasser trinken?

Berechnungen gehen davon aus, dass nur der kleinste Teil, nämlich 0,03 Prozent, der Wasservorkommen dem Menschen als Trinkwasser zur Verfügung steht. Der größte Teil der Wassermenge ist Meerwasser und damit salzig.

Wie hier an der felsigen Küste der Bretagne übt Wasser durch seine unbändige Kraft große Faszination aus.

15

Die Sonne ist der Motor des Wasserkreislaufs der Erde. Durch die Sonnenwärme verdunstet Oberflächenwasser aus Seen, Flüssen und Meeren. Der Wasserdampf wird durch die Erwärmung leichter und steigt in die Luft (Atmosphäre). Je höher er steigt, desto stärker kühlt er ab und bildet winzige Wassertröpfchen – er kondensiert. Auf diese Weise entstehen Wolken, hauptsächlich über den Ozeanen. Wird das Wasser in den Wolken immer mehr und schwerer, fällt es als Regen oder Schnee über dem Festland und dem Meer herab. Schließlich verdunstet das Wasser wieder durch die Sonnenwärme – der Kreislauf ist geschlossen.

Was versteht man unter einem Wasserkreislauf?

Wasserkraft gehört zu den erneuerbaren Energiequellen. Schon vor Jahrhunderten hat man die Kraft von Flüssen und Bächen genutzt, um Wasserräder anzutreiben, die wiederum einen Mühlstein in Gang setzten. So wurde das zeitraubende Mahlen von Getreide mechanisiert.

Wie kann man aus Wasser Energie gewinnen?

Heutzutage nutzt man vor allem die Energie, die durch die Bewegung großer Wassermassen an Staudämmen und Talsperren entsteht (kinetische Energie) zur Stromerzeugung.

Wie wird heute Strom erzeugt?

Über 70 Prozent der Erde sind mit Wasser bedeckt. Wenn es aus seinen gewohnten Bahnen ausbricht, kann es zum größten Feind des Menschen werden.

Wasser dient überall auf der Welt auch zur Körperpflege. Da es zugleich aber das am besten untersuchte Lebensmittel ist, sollten wir mit diesem kostbaren Gut nie verschwenderisch umgehen.

Woraus besteht die Luft?

Obwohl Sauerstoff für Menschen und Tiere lebenswichtig ist, enthält die Luft davon nur 21 Prozent. 78 Prozent der Luft bestehen aus Stickstoff, Kohlendioxid ist in einer geringen Menge von nur 0,03 Prozent vorhanden. Das Kohlendioxid ist unverzichtbar für die Photosynthese der Pflanzen, ohne die es keinen Sauerstoff gäbe. Im Gasgemisch der Luft sind Spuren von weiteren 1600 Gasen enthalten. Nicht zuletzt enthält Luft auch Wasserdampf und Staub.

Was sind Hochdruck- und Tiefdruckgebiete?

Die Sonne erwärmt die Erdoberfläche unterschiedlich stark; diese wiederum heizt die Luft auf oder kühlt sie ab. Die Temperaturunterschiede führen zu unterschiedlichem Luftdruck. Erwärmte Luft steigt nach oben, da sie weniger dicht und daher auch weniger schwer ist – ein Tiefdruckgebiet entsteht. Kühlt Luft ab, bewirkt sie genau das Gegenteil, und es bildet sich eine Hochdruckzone.

Was versteht man unter Luftdruck?

Die Luft ist nicht etwa schwerelos, sondern hat ein Eigengewicht. Die Erdatmosphäre ist über 700 Kilometer dick, und die in ihr enthaltene Luft drückt auf die Erdoberfläche. Diese durch die Schwerkraft nach unten gerichtete Kraft nennt man Luftdruck. Luftdichte und Luftdruck sind auf Meereshöhe am größten und nehmen nach oben hin ab. Erwärmt sich die Luft, bewegen sich die Luftmoleküle schneller – daher fällt bei erwärmter Luft der Luftdruck.

Lange bevor es Windräder gab, dienten Windmühlen zur Energiegewinnung und Stromversorgung.

Je nach Wetter und Tageszeit kann die Farbe des Himmels wechseln. Farbenprächtige Sonnenuntergänge wie hier in Namibia sind besonders beeindruckend.

Je nach Wetter und Tageszeit kann die Farbe des Himmels von strahlend Blau über Steingrau bis hin zum leuchtenden Orange des Abendrots wechseln. Wie entstehen diese Farbschwankungen? Die Luft selbst ist farblos, und das Sonnenlicht ist weiß. Das weiße Licht der Sonne setzt sich aber aus allen Farben des so genannten Spektrums zusammen. Je nach Zusammensetzung der Luft filtert sie die Farben des Sonnenlichts unterschiedlich heraus. Bei reiner und trockener Luft streut blaues Licht, die anderen Farben werden verschluckt. Bei hoher Luftfeuchtigkeit erscheint der Himmel dagegen weiß. Ist die Luft angereichert mit vielen Staubteilchen, so wirft sie hauptsächlich rotes Licht zurück.

Warum wechselt der Himmel seine Farbe?

Bäume und andere Pflanzen filtern Staub, Kohlendioxid und weitere schädliche Teilchen aus unserer Atemluft und geben statt dessen frischen Sauerstoff ab. Vor allem in Städten und Gebieten mit hoher Bevölkerungsdichte sorgen Wälder und Parks deshalb als „grüne Lunge" für eine ständige Reinigung der Luft. Eine 100-jährige Buche erzeugt in einer Stunde 1,7 Kilogramm Sauerstoff und kann damit etwa 50 Menschen eine Stunde lang mit Atemluft versorgen.

Was versteht man unter einer „Grünen Lunge"?

Mit Windrädern und Windmühlen wird schon seit Jahrhunderten Energie gewonnen. Moderne Windräder und Windparks werden heutzutage immer mehr Bestandteil der allgemeinen Stromversorgung. Sie werden vor allem in Küstennähe und auf den Höhen der Mittelgebirge eingesetzt, da dort mit stärkeren und gleichmäßigeren Winden zu rechnen ist als in waldigen Gebieten oder Tälern.

Kann man aus Luft Energie gewinnen?

Da Wind nicht immer weht, kann die Windkraft nicht als einzige Energiequelle genutzt werden, sondern muss mit anderen Verfahren zur Energiegewinnung kombiniert werden.

Reicht Windkraft als Energiequelle aus?

DIE LUFT UM UNS

Normalerweise sehen und spüren wir sie nicht – aber wehe, wenn sie sich verschlechtert oder Kapriolen schlägt. Die Rede ist von der Luft, ohne die kein Leben auf der Erde möglich ist. Luft benötigen wir zum Atmen; sie ist einer der Motoren für die Entstehung der Atmosphäre und des Klimas unserer Erde. Zusammen mit der Sonne, den Meeren und den Kräften der Erde sorgt sie für Bewegung auf unserem Planeten, die auch dramatische Formen annehmen kann. Luftturbulenzen wie Hurrikans und Orkane zeigen uns, dass die Kräfte der Luft für den Menschen nicht beherrschbar sind.

Was versteht man unter „Atmosphäre"?

Mit dem Begriff Atmosphäre (griechisch: atmos = Dampf; sphaira = Kugel) bezeichnet man die Lufthülle, die die Erde bis in eine Höhe von etwa 700 Kilometern umgibt. Die bodennahe Schicht ist die Troposphäre, in der sich in einer Höhe bis zu zehn Kilometern unser Wetter abspielt. Die nächste Schicht, die Stratosphäre, dehnt sich bis etwa 50 Kilometer über der Erdoberfläche aus. In der darüber liegenden Mesosphäre ist die Luftdichte noch so hoch, dass die meisten Meteoriten auf dem Weg zur Erde darin verglühen. Die Thermosphäre, auch Ionosphäre genannt, die bei etwa 85 Kilometern beginnt, fängt die Röntgenstrahlen der Sonne ab. Die äußerste Schicht der Atmosphäre ist die Exo- oder Magnetosphäre, in der die Luft bereits extrem dünn ist. In dieser Schicht kreisen die Satelliten um die Erde.

Was ist die Ozonschicht?

Ozon ist ein Gas. Es bildet die Ozonschicht in der Stratosphäre der Erdatmosphäre. Sie fängt die meisten der schädlichen ultravioletten Sonnenstrahlen ab.

Gibt es auch auf anderen Planeten eine Atmosphäre?

Alle Planeten des Sonnensystems, abgesehen von Merkur, haben eine Atmosphäre, die allerdings von Planet zu Planet unterschiedlich ist. Die Marsatmosphäre ist sehr dünn und nie über 0 °C.

Dünne Erdatmosphäre vom Weltraum aus gesehen.

Auch der Planet Jupiter hat eine Atmosphäre, die allerdings für menschliches Leben ungeeignet ist. Auf ihm herrschen Stürme von über 400 Stundenkilometern, die heiße Gase über den Planeten jagen.

Alles, was eine Masse hat, hat ein Gewicht – auch unsere Luft. Die Schwerkraft hält die Luft an der Erdoberfläche fest. Da wir aber perfekt an das Leben auf der Erde angepasst sind, spüren wir dieses Gewicht normalerweise nicht. Wissenschaftler haben ausgerechnet, dass ein Kubikmeter Luft etwa ein Kilogramm wiegt.

Hat die Luft ein Gewicht?

Der Franzose Blaise Pascal vertrat schon im 17. Jahrhundert die Ansicht, dass das Gewicht der Luft mit zunehmender Höhe abnimmt. Um dies zu beweisen, bestieg er den 1465 Meter hohen Berg Puy de Dôme. Die Quecksilbersäule stieg dort nur bis 650 Millimeter an, auf Meereshöhe zeigte sie 760 Millimeter an.

Welche Theorie stammt von Blaise Pascal?

Damit war Pascals These bewiesen. In zehn Kilometern Höhe beträgt der Luftdruck nur noch fünf Prozent des Drucks in Meereshöhe, in 100 Kilometern Höhe kann man fast keinen Luftdruck mehr feststellen. Schon beim Bergsteigen in drei- bis viertausend Metern Höhe merkt man, wie die Luft dünner wird: Man gerät in Atemnot, und das Herz schlägt schneller, um den Körper noch ausreichend mit Sauerstoff zu versorgen.

Wieso wird die Luft nach oben hin „dünner"?

Wir alle wissen, was „Wetter" ist: ein täglicher, oft sogar stündlicher Wechsel zwischen sonnig und bewölkt, kalt und warm, regnerisch und trocken. Wetterbedingungen, die aber über einen langen Zeitraum von Jahrzehnten oder gar Jahrhunderten beobachtet werden können, nennen wir Klima.

Was ist überhaupt ein Klima?

In Mitteleuropa leben wir beispielsweise in einem gemäßigten Klima mit vier Jahreszeiten. Ganz anders in den Tropen. Dort fällt das Thermometer nie unter 15 °C, und es wechseln sich nur die regenreiche und die trockene Jahreszeit ab.

Welches Klima herrscht in Mitteleuropa?

Warum gibt es ohne die Sonne kein Klima?

Alle Wetterbedingungen entstehen dadurch, dass am Äquator eine stärkere Sonneneinstrahlung herrscht als an den Polen. Wie kommt das? Die Erdachse, eine (gedachte) Verbindungslinie zwischen Nord- und Südpol, steht nicht senkrecht, sondern ist leicht geneigt. Die Erde dreht sich innerhalb von 24 Stunden von West nach Ost einmal um ihre eigene Achse. Gleichzeitig mit dieser Kreiselbewegung kreist sie im Verlauf von 365 Tagen einmal um die Sonne. Eine Umrundung der Sonne nennt man ein Jahr. Alle diese Kreisbewegungen führen dazu, dass die Sonnenstrahlen in verschiedenen Winkeln auf die Kontinente und Ozeane auftreffen und dadurch unterschiedliche Temperaturen erzeugen.

Wie entstehen die Jahreszeiten?

Durch die Neigung der Erdachse bekommt der Teil der Erde, der näher zur Sonne hingewendet ist, die stärksten Sonnenstrahlen ab – es ist Sommer. Die Tage sind lang, und die Sonne steht mittags hoch am Himmel. Im Winter wendet sich eine Erdhalbkugel von der Sonne ab. Dadurch verändert sich der Winkel, mit dem die Sonnenstrahlen auf die Erde fallen, und sie erhält wenig Licht und Wärme. Im Winter steht die Sonne auch mittags sehr niedrig, und die Tage sind kurz. Wäre die Erdachse nicht geneigt, sondern senkrecht, gäbe es keine Jahreszeiten.

Was versteht man unter „Mitternachtssonne"?

Ist während der einen Jahreshälfte die Nordhalbkugel der Erde zur Sonne geneigt, herrscht auf dem Nordpol Sommer. Für eine gewisse Zeit erreicht der Erdschatten die Umgebung des Pols nicht, sodass es auch nachts taghell ist.

Welche Schattenseiten hat die Mitternachtssonne?

Die Mitternachtssonne hat auch ihre Schattenseiten: Im Winter ist der Nordpol von der Sonne abgewandt, und es herrscht eine Zeit lang ständige Nacht. Dann scheint die Mitternachtssonne am Südpol.

Mitternachtssonne im Norden von Norwegen. Es bleibt monatelang taghell, im Winter ebenso lange nachtdunkel (Polarnacht).

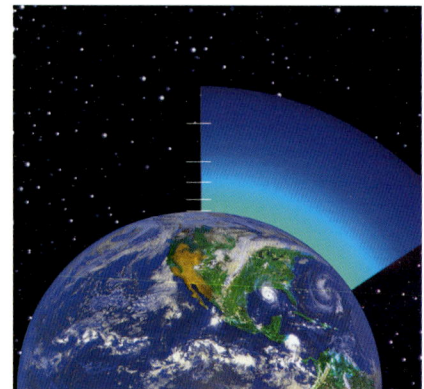

Aufbau der Atmosphäre in grafischer Übersicht.

Unser Globus ist mit einem Netz senkrechter und waagerechter (gedachter) Linien überzogen, den Breiten- und Längenkreisen. Mit ihnen kann man jeden Punkt der Erde genau orten. Auf beiden Erdhalbkugeln verlaufen parallel zum Äquator (0°) je 90 Breitenkreise in Richtung der Pole (90°). Die Längenkreise schneiden die Breitenkreise senkrecht und kreuzen sich alle im Nord- und Südpol. Es gibt insgesamt 180 Längenkreise. Sie werden vom Nullmeridian (0°) aus gezählt.

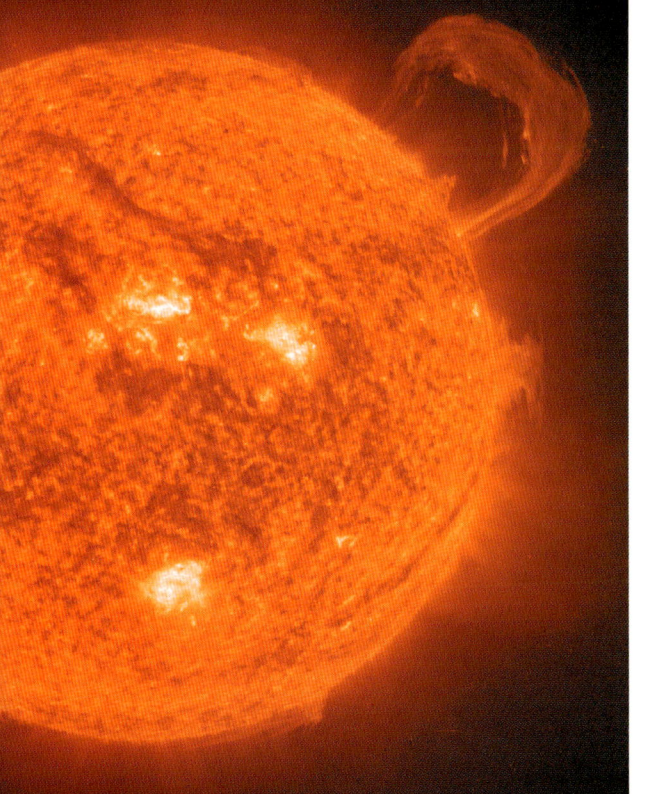

Sonneneruption; dabei handelt es sich um plötzliche, heftige Energieausbrüche, die auf der Sonne stattfinden.

Im Frühling am 21. März und im Herbst am 23. September erreicht die Sonne durch ihre scheinbare Bewegung eine Position, bei der auf allen Orten der Erde Tag und Nacht gleich lang sind – die Tagundnachtgleichen (Äquinoktien).

Was ist eine Tagundnachtgleiche?

Der „Wendekreis der Krebses" auf der Nordhalbkugel ist der Breitengrad, über dem die Sonne bei ihrem jährlichen Lauf am 21. Juni senkrecht im Zenit steht. Der „Wendekreis des Steinbocks" befindet sich auf der Südhalbkugel und markiert den Breitengrad, auf dem die Sonne zur Wintersonnenwende am 21. Dezember im Zenit steht. Es entsteht der Eindruck, als würde die Sonne im Verlauf eines Jahres zwischen den beiden Wendekreisen hin und her pendeln. Tatsächlich entsteht die Bewegung durch die Neigung der Erdachse.

Was ist ein „Wendekreis"?

Der längste Tag des Jahres auf der nördlichen Halbkugel ist der 21. Juni und gilt als unser kalendarischer Sommeranfang. Ab dann werden die Tage wieder kürzer – daher die Bezeichnung Sommersonnenwende (Solstitium). Der kürzeste Tag des Jahres, die Wintersonnenwende, ist bei uns am 21. Dezember, die Tage werden wieder länger.

Was bedeuten Sommer- und Wintersonnenwende?

Man kann die Erde in fünf große Zonen unterteilen, in denen das Klima einheitlich ist: Die Polargebiete rings um den Südpol und Nordpol, die so genannten gemäßigten Zonen zwischen den Polen und dem Äquator sowie die tropische Zone direkt am und zu beiden Seiten des Äquators.

Welche Klimazonen gibt es?

Da diese Einteilung nur sehr grob ist, sprechen Geowissenschaftler von weiteren 25 und mehr Klimazonen, die die regional unterschiedlichen Bedingungen stärker berücksichtigen. So ist das Klima inmitten der Kontinente auf der nördlichen Halbkugel anders als das Klima in Meeresnähe.

Wie sehen Geowissenschaftler die Klimazonen?

Wie verändern Berge, Wüsten und Meere das Klima?

Nicht jeder Breitengrad hat das gleiche Klima. Die Luftverteilungen ändern sich je nachdem, ob Berge, Wüsten und Ozeane die Landschaft bestimmen. In den Bergen kühlt die Luft stärker ab, das Klima ist kälter und windiger als in Ebenen. In Küstennähe sorgt das Meer für hohe Luftfeuchtigkeit; über Wüsten herrscht Lufttrockenheit.

Wie wirkt sich das Klima auf die Landschaft und Pflanzenwelt aus?

Das Klima beeinflusst neben der Pflanzenwelt (Vegetation) auch die Verwitterung von Gestein, aus der die verschiedenen Arten von Böden entstehen. Unterschiedliche Böden wiederum beherbergen andere Pflanzenarten und Tiere. Auf diese Weise entstehen weltweit ähnliche Lebensräume (Biome) mit einer für sie typischen Vegetation.

Wie entstehen Winde?

Warme Luft steigt auf, dadurch entsteht ein Tiefdruck, und ihr Platz wird von nachströmender kühler Luft aus der Umgebung eingenommen. Es kommt zu einem Fließen der Luft, das wir als Wind wahrnehmen.

Was ist ein Jetstream?

Da sich die Erde dreht (Erdrotation), werden auch die Winde in bestimmte Richtungen bewegt. Es entstehen erdnahe Winde sowie Luftbewegungen in großer atmosphärischer Höhe, der so genannte Strahlstrom (Jetstream).

Vegetationszone tropischer Regenwald. Hier herrscht ein feucht-heißes, für den Pflanzenwuchs günstiges Klima. Deshalb wachsen dort üppige Wälder mit Edelhölzern.

Wasser und Berge beeinflussen das Klima. In den Bergen kühlt die Luft stärker ab, das Klima ist kälter und windiger als in Ebenen. In Küstennähe sorgt das Meer für hohe Luftfeuchtigkeit.

Klimazonen der Erde. Grün kennzeichnet die Fläche, wo es Vegetation gibt, Braun Wüstenregionen und Weiß, wo es nur Eis gibt.

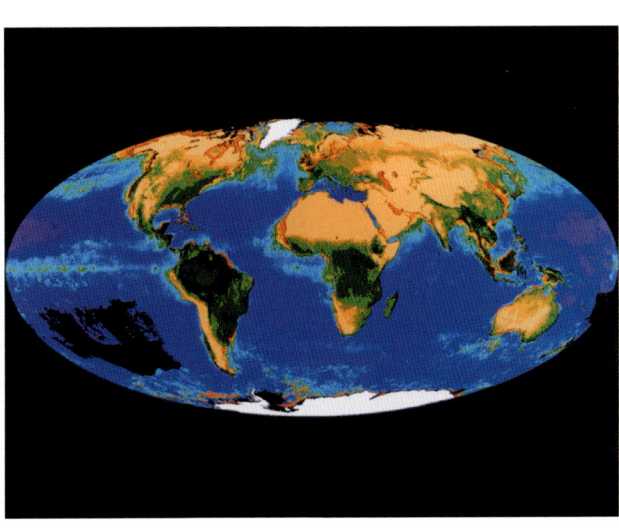

Hurrikan, Taifun oder Zyklon?

Alle drei Begriffe bezeichnen die gleiche Naturerscheinung: tropische Wirbelstürme. In Mittel- und Nordamerika werden sie Hurrikan genannt, in Südost- und Ostasien Taifune. Bei Wirbelstürmen im Golf von Bengalen spricht man von „Sturmzyklonen", im tropischen Norden von Australien von „Willy-Willies".

Wie entstehen Hurrikane?

Hurrikane sind – ebenso wie ihre Namensvettern Taifune und Zyklone – die größten und stärksten Stürme. Sie sind kreisförmig, und manche erreichen einen Durchmesser von 600 Kilometern und Geschwindigkeiten von bis zu 300 Stundenkilometer. Sie entstehen durch Verdunstung riesiger Wassermengen über Meeren, deren Oberflächentemperatur mindestens 27 °C beträgt; daher können sich Hurrikane nur auf einem relativ schmalen Streifen beiderseits des Äquators bilden.

Woher stammt die Energie des tropischen Wirbelsturms?

Der bei der Verdunstung entstehende Wasserdampf ist die Energiequelle des tropischen Wirbelsturms. Es bilden sich riesige Wolkenberge, unter denen ein Tiefdruckgebiet entsteht, das weitere Luftmassen in den Wirbel saugt. Durch die Drehung der Erde werden die Luftmassen in Rotation versetzt.

Was ist das Auge des Sturms?

Im Zentrum der Spirale eines Wirbelsturms sieht man eine Art Loch – das Auge des Sturms. Hier gibt es keine Wolken, der Himmel ist blau, und es herrscht absolute Ruhe. Das Auge der Wirbelsturms ist normalerweise zwischen 15 und 30 Kilometer groß, kann aber auch bis zu 70 Kilometer Durchmesser erreichen. Um dieses Zentrum herum tobt der Sturm.

Wieso verläuft ein Hurrikan im Sand?

Ein Hurrikan „ernährt" sich von warmen Wassermassen. Bleibt er auf dem Meer, kann er sich bis zu zwei Wochen halten. Bewegt er sich über Festland oder über kalten Wasserströmungen, fehlt der Nachschub an Energie, und der Wirbelsturm löst sich auf.

Was sind die Folgen eines Hurrikans?

Trifft ein Hurrikan auf Land, so entledigt er sich der riesigen Wassermassen, die er in der Warmluft seines Wirbels als Wasserdampf gespeichert hat: Es kommt zu sintflutartigen Regenfällen und Überschwemmungen.

Welche Schäden richtet ein Hurrikan an?

Stürme und Flutwellen führen vor allem in Küstennähe meist zu großen Zerstörungen. Bäume werden entwurzelt, Häuser zum Einsturz gebracht und ganze Landstriche überschwemmt.

Der „Saugrüssel" dieses Tornados bringt Zerstörung in Wohngebieten.

Hurrikan „Hernan" bedroht die amerikanische Westküste. In Amerika führen Hurrikans immer wieder zu großen Verwüstungen, vor allem an den Küsten.

Hurrikan „Claudette" trifft auf das Land Texas und schwächt sich dadurch ab.

Was ist ein Tornado?

Tornados sind zwar ebenfalls Wirbelstürme, entstehen jedoch auf völlig andere Weise als tropische Wirbelstürme. Sie kommen fast ausschließlich auf dem nordamerikanischen Festland vor, wenn feucht-heiße Luft aus dem Golf von Mexiko und Kaltluft aus dem Norden aufeinander treffen. Die Kaltluft stürzt aus mehreren Kilometern Höhe herab, und eine Warmluft-Säule schraubt sich immer schneller nach oben. Es entsteht ein Trichter mit Windgeschwindigkeiten bis zu 400 Stundenkilometern. Im Innern des Tornados herrscht starker Unterdruck, und die Drehgeschwindigkeit erhöht sich bis auf 700 Kilometer pro Stunde, beim Auftreffen auf den Boden entwickelt sich eine gewaltige Zerstörungskraft.

Auch im Innern eines Tornados ist es fast windstill. Im Wolkenschlauch herrschen jedoch Aufwinde, die alles, was sie berühren, mit nach oben reißen. Sie sind so stark, dass sie Autos und Lokomotiven durch die Luft wirbeln, Häuser zum Einstürzen bringen und ganze Landstriche verwüsten. Nur wenige Meter neben dem Windschlauch bleibt jedoch alles ruhig und unbeschädigt. Je nach Größe des Tornados können sie eine Landfläche von zehn bis 1000 Quadratkilometern erfassen.

Ein Tornado kann nicht nur Gegenstände, sondern auch Lebewesen in seinen Trichter emporziehen, falls sie seine Bahn kreuzen. Lässt die Sogwirkung nach, stürzen sie auf den Boden. Aus einem See kann er daher nicht nur Wasser, sondern sogar Fische und anderes Kleingetier heben – die dann, nach einiger Zeit, vom Himmel regnen. Früher hielt man dies für schlechte Omen.

Welche Zerstörungen kann ein Tornado anrichten?

Wieso fliegen Fische und Frösche?

Was ist eine Windhose?

Mit Windhose bezeichnet man Mini-Tornados, die auch in Mitteleuropa auftreten können. Sie haben bei weitem nicht die Zerstörungskraft ihrer amerikanischen Verwandten, richten jedoch ebenfalls große Schäden an. Bekannt wurde eine Windhose, die 1968 im badischen Pforzheim 90 Minuten lang wütete und bei der drei Menschen ums Leben kamen.

Was ist ein Orkan?

Übersteigt die Windgeschwindigkeit eines Sturms 117 Stundenkilometer, spricht man von einem Orkan. Rein begrifflich handelt es sich bei Wirbelstürmen wie Hurrikans und Tornados also auch um Orkane. Orkane in Mitteleuropa haben aber eine andere Entstehungsgeschichte: Über dem Nordatlantik treffen kalte, trockene Polarluft aus Nordosten und warme, feuchte Luft aus dem Süden aufeinander. Die schwere Kaltluft drückt feuchte Warmluft in die Höhe, und beide bilden ständige Wirbel, die sich schnell zu starken Winden entwickeln.

Welche „Höchstgeschwindigkeit" erreicht ein Orkan?

Orkane in den mittleren Breiten haben aber selten Windgeschwindigkeiten von mehr als 200 Kilometern pro Stunde, wie zum Beispiel der Sturm „Lothar".

Eine Schneise der Zerstörung hinterlässt ein Tornado in den USA. Mehr als 1000 Tornados suchen jährlich die Vereinigten Staaten heim, wobei nicht alle höchste Windgeschwindigkeiten erreichen.

Am 26. Dezember 1999 entwickelte sich, für Meteorologen völlig überraschend, aus einem scheinbar harmlosen Atlantik-Tief einer der stärksten Orkane, den Mitteleuropa seit Jahrzehnten erlebt hatte. Vor allem in Frankreich, der Schweiz und Süddeutschland waren die Auswirkungen zu spüren. In Ebenen erreichte „Lothar" Geschwindigkeiten von bis zu 150 Kilometern pro Stunde, auf dem Feldberg des Schwarzwalds sogar bis zu 250 Kilometer pro Stunde. Er hinterließ Schäden in Millionenhöhe an Gebäuden und Straßen und fegte bewaldete Berghänge regelrecht kahl.

Was geschah beim Orkan „Lothar"?

Sobald sich Hurrikane und andere Wirbelstürme gebildet haben, ziehen sie in westliche Richtung, um dann in einem Bogen nach Osten ablenkt zu werden. Die grobe Himmelsrichtung, die ein Wirbelsturm einschlagen wird, ist also vorauszusehen.

Kann man die Richtung von tropischen Wirbelstürmen vorhersagen?

Der genaue Verlauf eines tropischen Wirbelsturmes, der von der Windrichtung, der Windgeschwindigkeit und der Temperatur abhängt, kann kaum berechnet werden.

Ist eine exakte Berechnung möglich?

Ein Mann an der Küste Floridas betrachtet das Ausmaß der Zerstörung, das ein Hurrikan hinterlassen hat.

In einem Forschungszentrum der NASA sammeln Wissenschaftler Daten von Hurrikans über dem Atlantik.

DONNER UND BLITZ

Ein Gewitter ist eines der heftigsten atmosphärischen Ereignisse. Es wird durch kalte und warme Luftmassen ausgelöst. Forscher wissen allerdings bis heute noch nicht im Detail, was eigentlich genau in einer Gewitterwolke geschieht. Kein Wunder also, dass das Donnern und Blitzen am Himmel seit jeher die Fantasie der Menschen beflügelt hat und Anlass zu mythologischen und naturreligiösen Deutungen gab. Wie entstehen nun aber Gewitter, Donner und Blitze? Welche physikalischen Erscheinungen spielen dabei eine Rolle? Antworten auf diese und andere Fragen beschäftigen uns in diesem Kapitel.

Wie entsteht ein Wärmegewitter?

Steigt warme, feuchte Luft durch starke Sonneneinstrahlung in höhere atmosphärische Schichten auf, können sich bei instabilen Wetterverhältnissen so genannte Wärmegewitter bilden. Nach der Entladung der Luftmassen dauert das schöne Sommerwetter meist an.

Was versteht man unter einem Frontgewitter?

In mitteleuropäischen Breiten sind so genannte Frontgewitter am häufigsten. Sie treten an der Grenze zwischen feuchter Warmluft und heranrückender Kaltluft auf. Begegnen sich beide Luftmassen, mischen sie sich nicht, sondern bilden eine Grenze, die so genannte Front. Schiebt sich die Kaltfront unter die warme Luft, steigt diese nach oben – es entstehen Gewitterwolken.

Was sind die Begleiter von Frontgewittern?

Frontgewitter werden oft begleitet von Sturm und Hagel und können mit über 50 Stundenkilometern über große Gebiete hinwegziehen. Sie ziehen meist einen Wetterwechsel nach sich.

Was sind orographische Gewitter?

Neben Wärme- und Frontgewittern gibt es so genannte orographische Gewitter. Sie werden durch bestimmte Bodenformationen hervorgerufen, zum Beispiel durch Berge, an denen die Luft zum Aufsteigen gezwungen wird. Frontgewitter werden oft durch orographische Effekte verstärkt.

Blitze über einer Stadt. Anders als der Schall erreicht uns das Licht fast sofort. Jeweils drei Sekunden zwischen Blitz und Donner bedeuten etwa einen Kilometer Entfernung zum nächsten Blitzkanal.

Gewitterwolken entladen ihre Last. Forscher wissen bis heute noch nicht im Detail, was in einer Gewitterwolke genau geschieht.

Was geschieht in einer Gewitterwolke?

Durch die Zufuhr von warmer Luft wachsen Wolken an und steigen nach oben – es bilden sich die so genannten Cumulonimbus-Wolken. Oben kühlt sich die Warmluft ab, fällt, erwärmt sich aufs Neue und steigt wieder auf. Durch diese turbulenten Bewegungen entsteht Reibungsenergie zwischen den Luftteilchen. Ähnlich wie bei einer Batterie bilden sich entgegengesetzte Pole. In der obersten Schicht laden sich Eiskristalle positiv auf, die Wassertröpfchen auf der Unterseite der Wolke werden negativ. Diese statische Elektrizität schaukelt sich immer weiter auf, bis sie sich in einem Blitz entlädt.

Wie entsteht Donner?

Was wir als Donner (lateinisch: tonare = laut erdröhnen) hören, ist nichts anderes als der Knall einer Explosion, die durch Blitzschlag entsteht. Dabei dehnt sich die Luft um den Blitz herum schneller als in Schallgeschwindigkeit (300 Meter pro Sekunde) aus. Donner ist also der Knall beim Durchbrechen der Schallmauer.

Wieso hört man den Donner erst, nachdem es geblitzt hat?

Donner und Blitz kommen immer gleichzeitig vor. Der Donner ist später zu hören, weil sich der Schall langsamer als das Licht bewegt. Der Schall eines Gewitters braucht für einen Kilometer etwa drei Sekunden.

Wie berechnet man die Entfernung eines Gewitters?

Will man die Entfernung eines Gewitters ausrechnen, zählt man die Sekunden zwischen Blitz und Donner und teilt die Zahl durch drei. Donnert es beispielsweise sechs Sekunden nach einem Blitzschlag, ist das Gewitter zwei Kilometer entfernt.

Wieso kann man Gewitter riechen?

Die enorme Hitze eines Blitzes spaltet Gase, es entstehen Salpetersäure und salpetrige Säure. Regnet es, fallen diese Gase an Ammoniakstaub gebunden zur Erde, und man kann sie als schwefligen Geruch wahrnehmen.

Was ist ein Leitblitz?

Permanent fließen zwischen der Erdoberfläche und der Atmosphäre elektrische Teilchen (Ionen) hin und her. In der Gewitterwolke findet nun eine Trennung der elektrischen Ladungen in positive und negative Felder statt. Wird der kritische Wert dieser Spannung überschritten, kommt es zu einer blitzartigen Entladung, dem Leitblitz.

Wie wirkt ein Fangstrahl?

Auf diesem Fangstrahl bewegt sich der Hauptblitz, der meist mehrmals aufflackert, bevor der Ladungsausgleich erfolgt ist.

Was versteht man unter Hauptblitz?

Was wir mit bloßem Auge als nur einen Blitz wahrnehmen, sind tatsächlich zwei Blitze. Dem Leitblitz, der sich der Erdoberfläche nähert, springt eine so genannte Fangentladung vom Boden entgegen.

Welche Blitztypen gibt es?

Am häufigsten blitzt es zwischen zwei Wolken, ohne dass der Blitz den Boden erreicht. Diese Blitzform nennt man „Crawler" (englisch: sinngemäß „Krabbler"). In Deutschland sind Crawler relativ selten; hier entstehen meist so genannte Linien- oder Erdblitze, die sich zwischen Wolken und der Erde entladen.

Ein Blitz schlägt ein. Der kurzzeitig unter hoher Spannung stehende Blitzkanal kann Bäume und andere Objekte, die seinem Stromschlag im Weg sind, verdampfen oder sprengen.

Schwere Gewitterfront über Brasilien, Aufnahme vom Space Shuttle, die die einzelnen Wolkenformen kenntlich macht.

Kugelblitze kommen nur selten vor und sehen wie ein kugelförmiges Leuchten aus. Die Kugel schwebt oder rollt langsam dicht über den Boden und löst sich auf. Begleitet werden Kugelblitze oft von einem zischenden oder surrenden Geräusch.

Was sind Kugelblitze?

Die ersten Funken, aus denen ein Blitz entsteht, erhitzen die umliegende Luft auf unvorstellbare 30 000 °C. Zwar hält diese Anfangstemperatur nur für den Bruchteil einer Sekunde an, sie reicht jedoch aus, um das Gewitter in Gang zu setzen. Sie übertrifft die Oberflächentemperatur der Sonne um mehr als das Vierfache. So bauen sich Spannungen auf: Zwischen Gewitterwolken und der Erde bauen sich elektrische Felder auf, die Spannungen bis zu einigen Millionen Volt erreichen können, bevor sie sich entladen. Im Blitz selbst fließen Ströme bis zu einigen 100 000 Ampère.

Weiß man, wie heiß ein Blitz ist?

Der Durchmesser eines Blitzes beträgt nur wenige Zentimeter. Senkrechte Blitze, die von einer Wolke zur Erde verlaufen, sind etwa fünf bis sieben Kilometer lang; bei waagerecht verlaufenden Blitzen beträgt die Durchschnittslänge acht bis 16 Kilometer. Es blitzt auch nur so lange, bis die Ladung zwischen Boden und Wolke ausgeglichen ist. Ein normaler Blitz dauert etwa 0,2 Sekunden.

Wie groß und wie lang ist ein Blitz?

Energie breitet sich auf dem Weg des geringsten Widerstands aus. Dieser verläuft gewöhnlich nicht in gerader Linie, sondern unregelmäßig. Aus diesem Grund ist ein Blitz verzweigt oder gezackt.

Warum verläuft ein Blitz im Zickzack?

Ein Gewitter kann so weit entfernt sein, dass man den Donner zwar nicht mehr hört, die Blitze aber immer noch sehen kann. Diese fernen Blitze werden von Wolkenfeldern widergespiegelt und sind ein spektakuläres Leuchtfeuer am Himmel – das Wetterleuchten.

Warum sieht man manchmal Leuchtfeuer am Himmel?

Wer war Benjamin Franklin?

Der Amerikaner Benjamin Franklin (1706–1790) wurde als liberaler Politiker und Mitautor der amerikanischen Verfassung von 1787 berühmt. Weniger bekannt ist, dass er auch eine bahnbrechende Entdeckung machte: den Blitzableiter.

Wieso experimentierte Benjamin Franklin mit Drachen?

Bei einem nahenden Gewitter ließ Benjamin Franklin einen Drachen an einer metallischen Schnur steigen. Der Drache zog mächtige Funken auf sich. Dadurch hatte Franklin bewiesen, dass Blitze aus elektrischer Energie bestehen. Dieses gefährliche Experiment wurde in der Folgezeit mehrfach wiederholt. Der russische Physiker Richmann kam später bei einem ähnlichen Versuch ums Leben.

Wozu braucht man einen Blitzableiter?

Blitze sind gefährlich für Mensch und Tier, da sie durch den Stromschlag Verbrennungen und tödliche Verletzungen verursachen. Bevorzugt schlagen Blitze in hohe Gebäude oder Bäume ein, da sich der Blitz immer den kürzesten und am besten leitenden Weg wählt. Ein Blitzableiter schützt, indem er einen Blitz gezielt „anlockt" und ihn wirkungslos verpuffen lässt.

Benjamin Franklin entdeckte als Erster die elektrische Ladung von Blitzen. Kurz darauf wurde der erste Blitzableiter in Philadelphia installiert.

Wie funktioniert ein Blitzableiter?

Ein Blitzableiter besteht aus Metall und wird am höchsten Punkt eines Gebäudes angebracht. Schlägt der Blitz ein, wird seine Energie durch eine Fangleitung zur Gebäude- und dann zur Erdleitung weitergeführt, die durch Platten oder ein Kupfernetz im Boden verankert ist.

Wie kann ein Blitz Elektrogeräte zerstören?

Der Strom des Blitzes fließt also direkt in die Erde, kann jedoch durch ebenfalls geerdete elektrische Leitungen ins Haus zurückfließen. Dann kann es zu Überspannungen kommen, die die Elektrogeräte im Haus beschädigen. Aus diesem Grund sollte man bei Gewittern die Netzstecker von Elektrogeräten herausziehen und Telefone nicht benutzen.

Wetterhähne geben nicht nur die Windrichtung an, sie dienen auch als Blitzableiter.

Faraday-Käfig nennt man einen Gegenstand, der mit einem Metallgitter oder flächigem Metall ummantelt ist. Damit wird das Innere des Käfigs oder Behälters von elektrischer Ladung abgeschirmt. Der Name geht zurück auf den englischen Physiker Michael Faraday (1791–1867). Bei Blitzschlag ist man am sichersten in Gebäuden, im Auto oder in der Eisenbahn, da sie durch ihre schützende Hülle wie ein Faraday-Käfig wirken.

Benjamin Franklin bei einem seiner berühmten Blitzexperimente.

Kannten die alten Ägypter bereits den Blitzableiter?

Metallische Stäbe, die als Blitzableiter dienten, findet man bereits 1500 v. Ch. an ägyptischen Tempeln. Das Wissen um die Eigenschaften von Blitzen muss also schon vorhanden gewesen sein, geriet im Lauf der Jahrhunderte aber wieder in Vergessenheit.

Warum soll man bei Gewitter nicht in der Nähe von Wasser sein?

Wasser ist ein sehr guter Leiter von elektrischem Strom und zieht Blitze regelrecht an. Daher sollte man bei herannahenden Gewittern das Schwimmbecken oder den Badesee sofort verlassen.

Was tun, wenn man von einem Gewitter überrascht wird?

Gibt es keine sichere Unterstellmöglichkeit, sollte man sich für den Blitz so unsichtbar wie möglich machen. Das heißt: In die Hocke gehen, Beine geschlossen halten, damit sich keine elektrischen Spannungen aufbauen können, und die Arme um den Körper verschränken. Da bei einem Blitzeinschlag die Gefahr von Bodenströmen groß ist, sollte man sich nie auf den Boden legen. Auf jeden Fall sollte man aufragende Gegenstände, Bäume und Zäune meiden.

Wie werden Blitze heutzutage erforscht?

Das Prinzip des Drachenexperiments von Benjamin Franklin wird heute noch bei Untersuchungen über den Blitzstrom angewendet, allerdings kommen kleine Raketen anstatt eines Drachens zum Einsatz. Mit ihrer Hilfe schießt man dünne Metallfäden in Gewitterwolken und leitet die dadurch ausgelösten Blitze zu Messstationen auf dem Boden (Blitztriggerung).

Woher weiß man, was in einer Gewitterwolke passiert?

Heute werden Spezialflugzeuge eingesetzt, die das Innere einer Gewitterwolke durchfliegen. Die Tragflächen und der Rumpf dieser Flugzeuge sind besonders verstärkt. Ausgestattet sind die Forschungsflugzeuge mit Instrumenten zur Messung von Temperatur, Druck, Windgeschwindigkeit und von senkrechten Luftbewegungen.

SCHNEE UND LAWINEN

„Schnee" verbinden die meisten Menschen mit winterlichem Freizeitvergnügen und glatten Fahrbahnen. Die Naturgewalt von Schneemassen wird vielen erst dann bewusst, wenn uns Nachrichten über Lawinenunglücke erreichen. Weltweit gehen pro Jahr etwa eine Million Lawinen nieder, durch die mehr als 200 Menschen getötet werden – die Hälfte davon allein in den dicht besiedelten Alpenregionen. Oft ist Unkenntnis der Risiken die Ursache dafür, dass Skifahrer oder Bergsteiger Lawinen auslösen. Ein verantwortungsbewusstes Verhalten in lawinengefährdeten Regionen ist daher der beste Lawinenschutz.

Gibt es überall auf der Erde Schnee?

Schnee fällt hauptsächlich in gemäßigten und kalten (subpolaren, polaren) Klimazonen. In unseren mitteleuropäischen Breiten schneit es nur im Winter; nähert man sich den Polen, erreicht man die Zone des „ewigen Eises". Ausnahmen sind Gebirge und Bergformationen wie der Kilimandscharo in Tansania.

Wie heißt der einzige Gletscher Afrikas?

Auf dem 5695 Meter hohen Gipfel des Kilimandscharo liegt ganzjährig Schnee – er ist der einzige Gletscher Afrikas. Selbst auf dem wärmsten Kontinent der Erde, in Australien, fällt im Winter oberhalb von 1000 Metern Schnee.

Was bezeichnet man als Schneegrenze?

Schneegrenze nennt man den Übergang von einer schneefreien zu einer schneebedeckten Zone. Wo sie genau verläuft, ist abhängig von Klima, Jahreszeit und Geländeform. Die höchsten Schneegrenzen findet man in den subtropischen Hochgebirgen in Tibet und in den Anden.

Wo liegen die höchsten Schneegrenzen?

Erst in Höhen ab 6100 Meter über dem Meeresspiegel liegt in Tibet und in den Anden ganzjährig Schnee. Am Westrand der Alpen liegt die Schneegrenze bei 2700 Metern, in polaren Gebieten auf Meereshöhe.

Im Himalaja liegt die Schneegrenze weitaus höher als in den Alpen.

Schnee deckt nicht nur alles mit seiner weißen Decke zu, er ist tatsächlich auch ein guter Isolator. Unter Schnee sind Böden und Pflanzen vor großer Kälte geschützt, wohingegen Pflanzen bei Frösten ohne Schneefall oft erfrieren. Eine Schneedecke setzt sich aus vielen Schichten zusammen, weil sich ihr Aufbau und ihre Festigkeit durch Druck und Temperatur verändern, wenn Neuschnee fällt. Die Untersuchung der Schneedecke ist wichtig für die Vorhersage von Schneelawinen.

Was ist eine Schneedecke?

Ähnlich wie bei Gesteinen kann man auch an der Schichtung von Eis Informationen über vergangene Klimaepochen ablesen. Dafür bietet Grönland ideale Untersuchungsbedingungen: Da es dort ganzjährig schneit, zerdrückt auftürmender Neuschnee die alten Schneemassen. In ihnen werden Staub- und Gasteilchen als Zeitzeugen eingeschlossen, an denen man Veränderungen des Klimas ablesen kann.

Welche Geheimnisse verbergen sich in Schnee und Eis?

Eine der größten geschlossenen Schneeflächen liegt über Grönland – hier ist der südliche Teil zu sehen.

Wissenschaftler entnehmen dem Eis Proben und können auf diese Weise Aussagen über mehr als 100 000 Jahre Klimageschichte treffen.

Wie erhält man Kenntnis über Klimageschichte?

Tiere haben unterschiedliche Strategien entwickelt, um über den Winter zu kommen. Eichhörnchen sammeln Vorräte. Während der Winterruhe wachen sie zum Fressen ab und zu auf, um ihre Körpertemperatur aufrecht zu halten. Nicht so Tiere, die einen richtigen Winterschlaf halten, wie zum Beispiel das Murmeltier. Ihre Körpertemperatur fällt von 39 °C auf etwa 7 °C ab, Puls und Atmung sind extrem verlangsamt, sie fressen nicht, sondern zehren von ihren Fettpolstern.

Wie überleben Tiere schneereiche Winter?

Amphibien und Reptilien fallen in eine Winterstarre, sie verharren bewegungslos, bis bei Wärme ihr Stoffwechsel wieder in Schwung kommt.

Halten auch Amphibien Winterschlaf?

Wie entsteht Schnee?

Gefriert Wasser in den Höhenschichten der Wolken, verbinden sich seine Moleküle zu Eiskristallen. Fallen sie aus einer Wolke, vereinen sie sich mit anderen Kristallen zu einer Schneeflocke. Eine einzelne Flocke besteht aus über 50 Eiskristallen.

Sehen Schneeflocken alle gleich aus?

Schneeflocken sind zwar alle nach demselben Prinzip aufgebaut, können jedoch mehrere tausend verschiedene Formen annehmen. Jede Flocke besteht aus einem sechseckigen Kern, von dem aus die Strahlen in unterschiedlichen Formen wachsen. Bei niedrigen Temperaturen entstehen Plättchen oder Prismen, bei höheren Sterne.

Welchen Weg nimmt Pulverschnee?

Pulverschnee entsteht in wasserdampfarmer Atmosphäre und besteht aus sechsarmigen Schneekristallen. Er enthält viel Luft und wiegt etwa 100 Kilogramm pro Kubikmeter.

Wie weit ist der Weg vom Pulverschnee zur Lawine?

Liegt der Pulverschnee auf der Schneedecke, verdunstet Wasser aus den unteren Schichten, gefriert weiter oben und bildet Verdickungen – die ersten runden Schneekörner entstehen. Dieser Vorgang setzt sich so lange fort, bis der Schnee feucht und schwer geworden ist – Ausgangsmaterial für eine Festschneelawine.

Neuschnee – hier in den französischen Alpen – begünstigt die Lawinenbildung.

Eine Staublawine in den Alpen. Ein solcher Lawinentyp kann eine Geschwindigkeit von 300 Stundenkilometern erreichen.

Die meisten Lawinen entstehen an Hängen mit einer Neigung zwischen 25 Grad und 50 Grad. Ist die Hangneigung größer als 50 Grad, sammeln sich größere Schneemassen dort nur selten an.

Wo können Lawinen entstehen?

Besonders gefährlich ist eine Unterlage aus glattem Fels, verharschtem Schnee oder langem Gras: Hier reicht schon eine 20°-Neigung, um eine Lawine auszulösen.

Wo besteht besondere Lawinengefahr?

Durch starken Wind wird Neuschnee an die Windschattenhänge geblasen und schichtet sich dort auf. Wird das Gewicht für die unterste Schicht zu groß, bricht die Verwehung zusammen und gerät ins Rutschen.

Welche Rolle spielt der Wind bei der Entstehung einer Lawine?

Schwimmschnee ist vor allem bei Skifahrern gefürchtet, da er Schneebrettlawinen auslösen kann. Er entsteht, wenn es innerhalb der Schneeschicht starke Temperaturunterschiede gibt und die Oberfläche wieder gefriert.

Was versteht man unter Schwimmschnee?

Die Schneefestigkeit nimmt mit zunehmenden Temperaturen ab. Im Frühjahr scheint die Sonne mit zunehmender Kraft – der Schnee wird schwer und nass, die Lawinengefahr steigt.

Warum ist die Lawinengefahr im Frühjahr am größten?

Wie zerstörerisch Lawinen sein können, veranschaulicht dieses Bild.

Wie setzt sich eine Lawine zusammen?

Eine Lawine besteht aus drei Abschnitten: dem Anriss, der Sturzbahn und dem Auslaufgebiet. Wissenschaftler bezeichnen den gesamten Verlauf als Lawinenzug, bei dem sich entweder nur die oberste Schneeschicht oder die ganze Schneedecke bewegt.

Was ist eine Fließlawine?

Dies sind die häufigsten und am besten erforschten Lawinen. Sie kommen meist bei Tauwetter im Frühjahr vor. Nasser Schnee rutscht den Hang hinunter, vereinigt sich mit anderen Lawinenzügen und bahnt sich als breiter Strom den Weg ins Tal.

Was hinterlässt eine Fließlawine?

Im Auslaufgebiet hinterlässt die Fließlawine einen gewaltigen Schneekegel von bis zu 30 Metern Höhe.

Warum sind Schneebrettlawinen so gefährlich?

Die meisten Lawinen entstehen unterhalb einer Störstelle. Nicht so aber bei der Schneebrettlawine: Sie bricht meist genau über der Störung ab, die häufig von Skifahrern verursacht wird. Innerhalb von Sekunden lösen sich die Schneemassen und stürzen über Skifahrer, die meist vollständig verschüttet werden.

Welchen Druck entwickelt die Schneebrettlawine?

Obwohl sie im Vergleich zu anderen Lawinenarten eher langsam ist, kann die Schneebrettlawine einen Druck von 30 bis 40 Tonnen pro Quadratmeter entwickeln.

Der Neigungswinkel eines Berges ist mitentscheidend für den Lawinenabgang. Die meisten Lawinen entstehen an Berghängen mit einer Neigung zwischen 25 und 50 Grad.

Bergung von Opfern nach einem Lawinenunglück.

Auf dieser Abbildung ist die Bruchkante eines Schneebretts deutlich zu sehen. Schneebrettlawinen werden häufig von Skifahrern ausgelöst.

Steigt die Lawinengefahr mit der Schneemenge?

Nicht die Menge an Neuschnee ist ausschlaggebend dafür, ob die Lawinengefahr steigt, sondern der Zeitraum, in dem der Schnee fällt. 50 Zentimeter Neuschnee innerhalb von 24 Stunden können ungefährlich sein; die gleiche Menge Neuschnee in 12 Stunden kann aber schon ein beträchtliches Lawinenrisiko bergen, da die Schneedecke schneller instabil wird. Besonders gefährlich sind Schneelawinen, die deshalb so heißen, weil die trockenen Schneeteilchen extrem fein zerstäuben. Gefährlich ist vor allem die Geschwindigkeit einer solchen Lawine: Mit etwa 350 Stundenkilometern kann sie ins Tal stürzen. Mensch und Tier können in dem umherwirbelnden Schneestaub regelrecht ertrinken.

Je nach Hangneigung, Menge und Dichte des Schnees stürzen Lawinen mit Geschwindigkeiten von zehn bis über 300 Stundenkilometern ins Tal. Sie erzeugen dabei einen Druck bis zu 1000 Tonnen pro Quadratmeter. Zum Vergleich: Um eine Ziegelsteinmauer zum Einsturz zu bringen, genügt ein Druck von einer halben Tonne pro Quadratmeter.

Bei einer Schneedecke von zwei Metern kann eine Lawine ein Volumen von mehreren hunderttausend Kubikmetern erreichen. Es fällt schwer sich diese Menge vorzustellen.

Bei dem Lawinenunglück, das sich 1999 im Dorf Galtür in Tirol ereignete, fegten 130 000 Tonnen Schnee über das Dorf hinweg. 31 Menschen kamen ums Leben, und Tausende mussten evakuiert werden.

Wie groß ist die Zerstörungskraft einer Lawine?

Welches Volumen kann eine Lawine erreichen?

Was waren die Folgen des Lawinenunglücks in Galtür?

Kann man Lawinenabgänge vorhersagen?

Um die Bevölkerung vor Lawinen warnen zu können, bestimmen Wissenschaftler die Schneeart und ihre Festigkeit mithilfe modernster Messmethoden und Computertechnologie. Im Computer werden Lawinenmodelle simuliert, um zu erkennen, wo eine Lawine droht. Die Skala reicht von 1 (geringe Gefahr) bis 5 (sehr groß).

Was versteht man unter dem „tödlichen Knick"?

Statistiken zeigen, dass die Überlebenschance für Lawinenopfer in den ersten 15 Minuten nach dem Verschütten sehr groß ist. Nach 15 bis 35 Minuten tritt der „tödliche Knick" ein: In diesem Zeitraum ersticken Verschüttete meist.

Wie lange kann man in einer Luftblase überleben?

In einer Luftblase kann man zwar bis zu 90 Minuten überleben, Unterkühlung führt aber nach 90 bis 130 Minuten zum Tod. Die Rettung von Lawinenopfern ist also ein Kampf gegen die Zeit.

Wie suchen Rettungsmannschaften nach Verschütteten?

In Reihen nebeneinander vorrückend untersuchen Rettungsmannschaften mit speziellen Ruten den Schnee. Lawinensuchhunde nehmen Witterung auf, Peilgeräte oder das so genannte Lawinen-Verschütteten-Suchgerät kommen zum Einsatz.

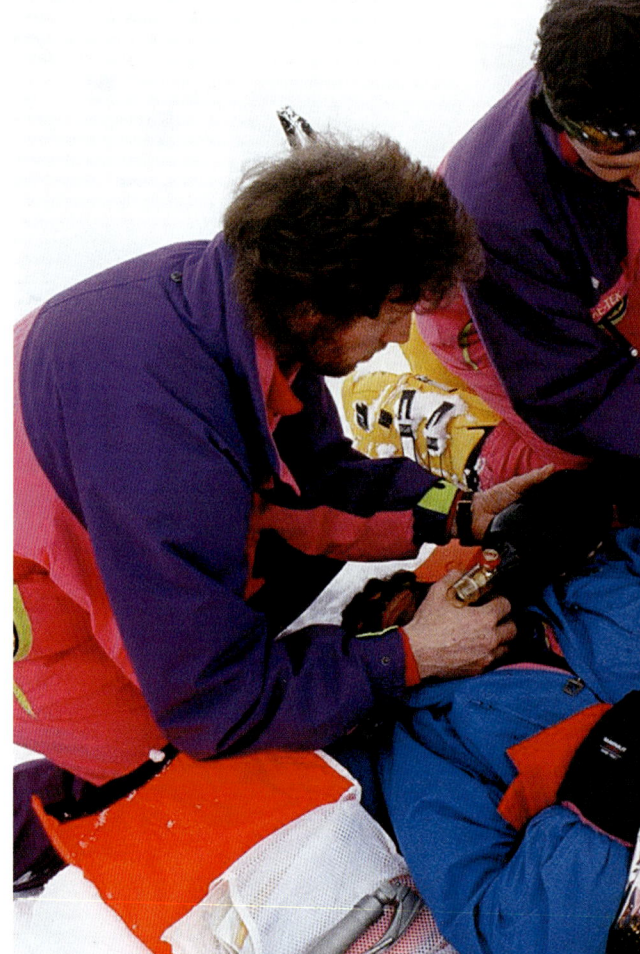

Rettungsteams versuchen mit Spürhunden und Lawinensonden, Verschüttete aufzuspüren.

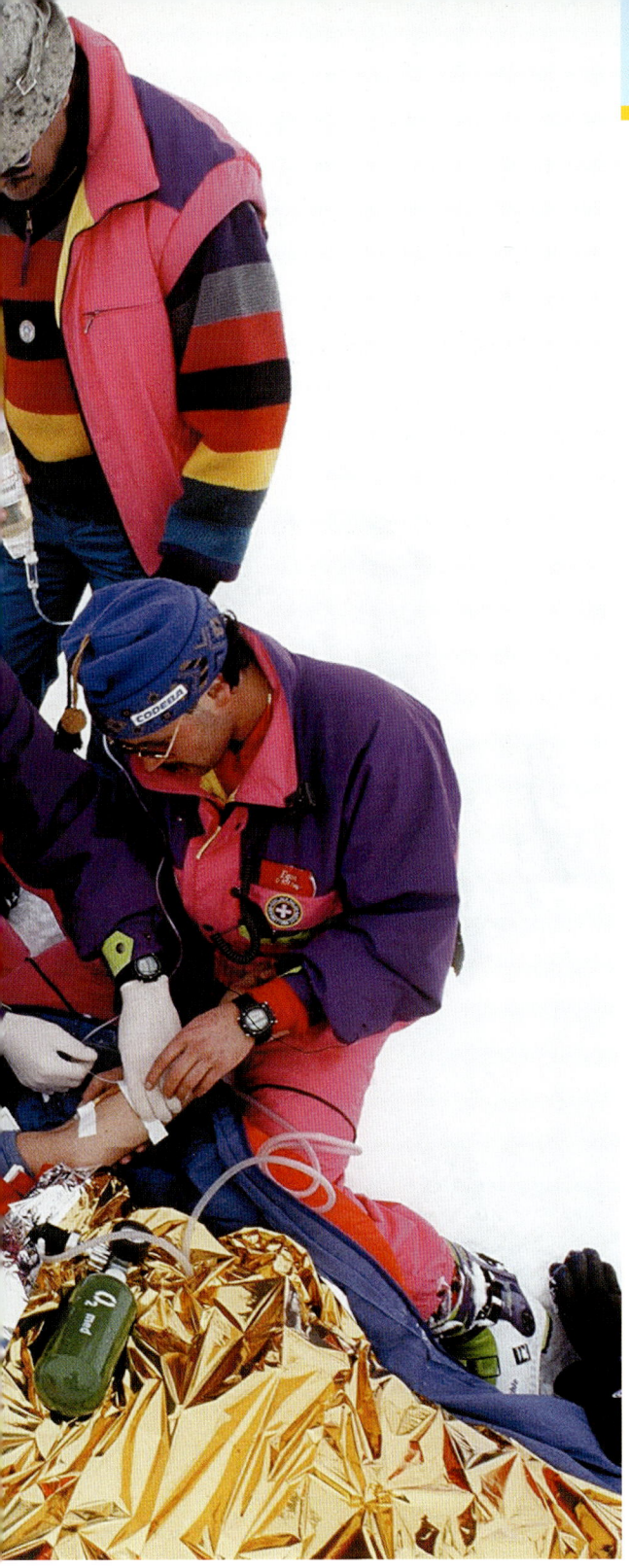

Werden Lawinenopfer lebend geborgen, ist meist starke Unterkühlung eine der gefährlichsten Folgen.

Werden Lawinenopfer lebend geborgen, drohen immer noch die Folgen von Luftmangel und Unterkühlung. Sie werden künstlich beatmet und bekommen heiße Getränke ohne Alkohol, um den Körper von innen aufzuwärmen. Mit speziellen Wärmedecken geschützt, bringt man sie per Hubschrauber oder Motorschlitten in das nächste Krankenhaus.

Was geschieht nach der Bergung von Überlebenden?

Dichter, hochstämmiger Wald ist der beste Lawinenschutz. Er verhindert große Schneeansammlungen und Lawinenanrisse, sodass sich Gleitschichten erst gar nicht bilden können. Vor allem in den dicht besiedelten Alpen versucht man, durch Aufforstungsprogramme der Lawinengefahr zu begegnen.

Was bietet den besten Schutz vor Lawinen?

In der Entstehungszone von Lawinen stützt man mithilfe von Stahl- und Holzkonstruktionen die Schneedecke, um Abrutsche zu verhindern oder abzubremsen. In der Sturzbahn oder dem möglichen Auslaufgebiet einer Lawine im Tal werden Auffangdämme, Bremshöcker oder Ablenkdämme gebaut, die die Schneemassen stoppen oder ablenken sollen. Trotz all dieser Maßnahmen wird ein vollständiger Lawinenschutz nie möglich sein.

Können Baumaßnahmen vor Lawinen schützen?

Mit diesen Verbauungen versucht man, lawinengefährdete Hänge zu stabilisieren.

GLETSCHER UND EISZEITEN

Gletscher sind Kolosse der Erde, die Berglandschaften und Polarregionen gleichermaßen prägen. Durch die Wassermassen, die in ihnen „auf Eis gelegt" sind, speichern sie große Mengen der weltweiten Süßwasservorräte. Nichts kann sich den schiebenden und schleifenden Bewegungen eines Gletschers widersetzen. Nur eines nagt an den „weißen Riesen" – die Temperatur. Das Abschmelzen, das seit einigen Jahrzehnten verstärkt an den meisten Gletschern der Erde zu beobachten ist, wird das weltweite Ökosystem verändern, falls es in diesem Tempo voranschreiten sollte.

Sind Gletscher Berge aus Eis?

Genau genommen handelt es sich bei Gletschern nicht um Berge, sondern um gigantische Ströme aus Schnee und Eis. Gletscher sind ständig in Bewegung: Alpengletscher bewegen sich durchschnittlich 50 Meter pro Jahr.

Wo überall gibt es Gletscher?

Gletscher bilden sich in den Polargebieten und in Hochgebirgen oberhalb der Schneegrenze, in den Alpen etwa ab 3000 Höhenmetern. Sie können nur in Regionen entstehen, in denen mehr Schnee fällt als abschmilzt.

Wie entsteht ein Gletscher?

Gletscher entstehen in muldenartigen Senken auf Hochflächen. Bei starken Schneefällen häuft sich Neuschnee (mit 95 Prozent Luftanteil) an und drückt auf den darunter liegenden Alt- oder Firnschnee. Firnschnee besteht im Gegensatz zu Neuschnee nur noch aus 50 Prozent Luft. Durch Wärmeschwankungen schmilzt und gefriert er mehrmals und verhärtet zum kompakten Firneis.

Der Persgletscher im Berninagebiet in Graubünden, Schweiz.

Wie wird Firneis zu Gletschereis?

Unter dem hohen Druck der Schneemassen wird noch mehr Luft aus dem Eis gepresst, weißes Firneis wird zu bläulich schimmerndem Gletschereis. Die Firnmulde vergrößert sich durch Frost und Abtragungen des Erdreichs. Hat sich genug schweres Eis angesammelt, rutscht der Gletscher.

Wie mehrere Inlandgletscher in einer Talsenke im Dry Valley, Grönland, aufeinandertreffen veranschaulicht diese Landsat-Aufnahme.

Das Wort Gletscherrückgang ist irreführend, da sich der Gletscher nicht zurückzieht, sondern abschmilzt – ein Vorgang, der in manchen Regionen der Erde, zum Beispiel in den Alpen, bereits seit einigen Jahrzehnten stattfindet. Es wird vermutet, dass eine allgemeine Klimaerwärmung der Grund dafür ist. Es gibt jedoch auch Regionen, in denen Gletscher wachsen, wie zum Beispiel in Norwegen.

Was bedeutet es, wenn man vom Rückgang eines Gletschers spricht?

Rückt ein Gletscher vorwärts, nimmt er Kies und Felsbrocken mit nach unten, die über das Grundgestein schleifen. Taut das Eis, wird das gesamte Schuttmaterial, das in den Eismassen eingeschlossen war, abgelagert – eine Endmoräne entsteht. Unter Grundmoräne versteht man hingegen die Ablagerungen am Untergrund von Inlandeis oder von Gletschern.

Was versteht man unter einer Moräne?

Der unterste Ausläufer eines Gebirgsgletschers endet meist mit halbrundem Ende und gewölbtem Querschnitt, also der Form einer Zunge. In ihr schmilzt das Eis so schnell ab, wie es von oben nachgeschoben wird.

Was ist eine Gletscherzunge?

Gletschertypen kann man nach Form und Größe unterscheiden. In Hochgebirgsregionen kommt der Talgletscher am häufigsten vor. Er hat eine längliche Form und fließt langsam bergab ins Tal. Er ist die charakteristische Gletscherform in Hochgebirgen wie dem Himalaja und den Alpen.

Was ist ein Talgletscher?

Inlandeis bedeckt sehr große Flächen wie in Grönland oder der Antarktis. Es sind die größten zusammenhängenden Eisflächen mit der größten Eisdicke der Erde. Wesentlich kleiner sind Eiskappen oder Eisschilde wie der Vatnajökull auf Island, der größte Gletscher Europas. Das Eis Grönlands ist an manchen Stellen über 100 000 Jahre alt.

Was versteht man unter Inlandeis?

Was geschieht, wenn ein Gletscher kalbt?

Nähern sich Gletscher der Küste, so brechen sie in riesigen Stücken ab – ein Eisberg ist geboren. Diesen Vorgang nennt man Gletscherkalben.

Wie kann man Eisberge unterscheiden?

Nach ihrer Form unterscheidet man Gipfeleisberge, die eher der spitzen Form eines Berges entsprechen, und Tafeleisberge, die oben plateauartig abgeflacht sind.

Wie weit ragen Eisberge aus dem Wasser?

Eis wiegt geringfügig weniger als Wasser. Daher ragen Eisberge nur mit etwa einem Siebtel bis Neuntel ihres Gesamtvolumens aus dem Wasser.

Wie unterscheiden sich Tafel- und Gipfeleisberge?

Tafeleisberge erreichen Eintauchtiefen von bis zu 800 Metern, während Gipfeleisberge bis zu 250 Meter tief reichen können.

Wie groß sind Eisberge?

In der Antarktis (Südpol) und in Grönland sind Eisberge in der Größe eines Mehrfamilienhauses keine Seltenheit. Im Mai 2002 löste sich ein Eisberg gigantischen Ausmaßes vom Ross-Schelf. Er ist über 200 Kilometer lang und 32 Kilometer breit, seine Dicke beträgt etwa 200 Meter. Eisberge der Arktis (Nordpol) besitzen dagegen eine deutlich kleinere Oberfläche. Sie ragen aber höher aus dem Wasser heraus.

Die Titanic kollidiert mit einem Eisberg und sinkt.

Diese Gletscheraufnahme aus Alaska zeigt, wie die nachfließende Eismasse sich in einer Senke sammelt und altes Eis an den Rand drängt.

Das berühmteste Schiffsunglück der Geschichte ereignete sich 1912, als der Ozeanriese Titanic mit einem Eisberg kollidierte und unterging. Seither haben sich die technischen Möglichkeiten, Eisberge zu orten, erheblich verbessert. Trotzdem sind sie immer noch gefährlich für den Schiffsverkehr, da sie weit in Richtung Äquator treiben können. Heute werden die Bewegungen von Eisbergen rund um die Uhr mit Satelliten beobachtet.

Warum sind Eisberge für die Schifffahrt gefährlich?

Die meisten und größten Eisberge kommen in den Gewässern der Antarktis vor – 93 Prozent der weltweiten Eisbergmassen befinden sich dort. Aber auch die Arktis und besonders die Westküste Grönlands sind Geburtsorte zahlreicher Eisberge.

Wo kommen die meisten Eisberge vor?

Die Antarktis hat sich in den vergangenen 50 Jahren um 2,5 °C erwärmt. Uneinig sind sich Wissenschaftler aber, ob dadurch mehr Eisberge vom Inlandeis abbrechen oder nicht. Im Januar 2002 zerbrach eine 3250 Quadratkilometer große Eisscholle in unzählige Kleinteile, nachdem sie durch Oberflächenschmelzwasser instabil geworden war.

Schmelzen Eisberge schneller durch die Klimaerwärmung?

Nicht nur Eisberge, sondern auch die Gletscher bewegen sich mit unterschiedlichem Tempo. Je nach Bewegungsgeschwindigkeit unterteilt man sie in „warm" und „kalt". Warme Gletscher bewegen sich rasch und haben große Schmelzwassermengen. Bei „kalten" Gletschern in polaren Gebieten kann durch die dauerhaft niedrigen Temperaturen kein Schmelzwasser entstehen.

Was versteht man unter warmen Gletschern?

Gletscher des „surge"-Typs gelten als die schnellsten Gletscher der Erde. Sie bewegen sich lange Zeit kaum und stoßen dann innerhalb kürzester Zeit regelrecht vor. Der Kutiah-Gletscher in Pakistan legte im Jahr 1953 innerhalb von drei Monaten eine Strecke von 12 Kilometern zurück.

Wie schnell sind die schnellsten Gletscher der Welt?

Wie können Gletscher Landschaften verändern?

Beim unaufhaltsamen Vordringen eines Gletschers werden breite, trogförmige Täler geformt, große Kessel aus den Gebirgen gemeißelt und ganze Hügel abgeschnitten. Sich vorschiebendes Eis poliert frei liegende Felsen. Oft haben Steine tiefe Rillen in die Talseiten geritzt – Spuren von Gletschern, die schon vor Jahrtausenden abgeschmolzen sind. Die so genannten Gletscherschrammen zeigen heute noch die Richtung an.

Wann kam „Ötzi" ans Tageslicht?

Am Tisenjoch-Gletscher der Ötztaler Alpen wurde 1991 der mumifizierte Leichnam eines vor 5300 Jahren ums Leben gekommen Mannes gefunden: „Ötzi". Zuerst vermutete man, dass es sich um eine ganz normale Gletscherleiche handelt.

Wie „spuckt" ein Gletscher seine Opfer aus?

Immer wieder kommt es vor, dass die Körper tödlich verunglückter Bergsteiger, die im ewigen Eis verloren schienen, geborgen werden können. Denn durch die schiebenden Bewegungen des Gletschers und durch das Abschmelzen des Eises „spuckt" ein Gletscher wieder „aus", was er einst verschluckt hat.

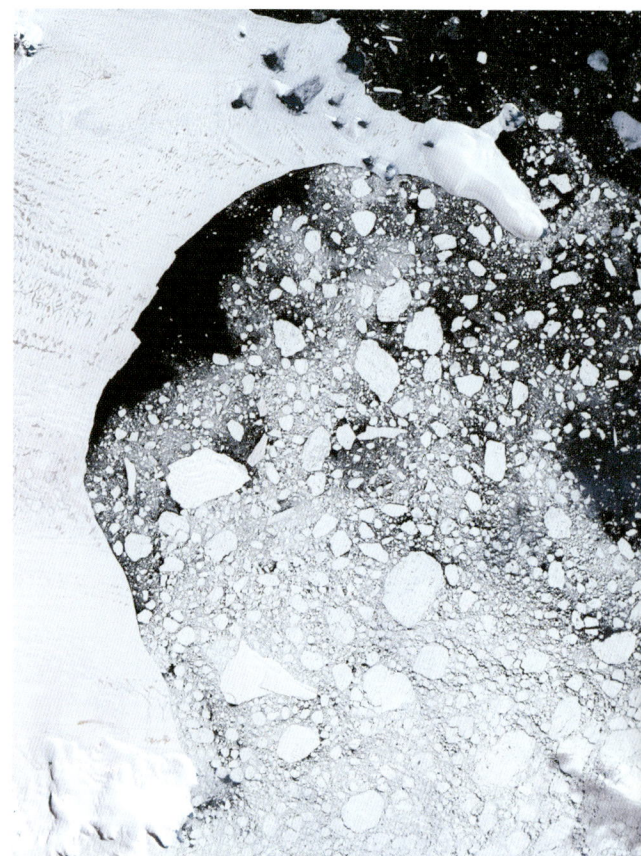

Gletscher im Eisfeld der Antarktis. Nähern sich Gletscher der Küste, brechen sie in riesigen Stücken ab. Diesen Vorgang nennt man Kalben.

Warum steckte „Ötzi" überhaupt im Gletschereis?

Man vermutet, dass der Körper Ötzis im Freien einer sehr kalten und trockenen Luftströmung ausgesetzt war, wodurch er erhalten blieb und mumifiziert wurde. Bald wurde er von Schnee bedeckt und in die neu entstehenden Gletschereismassen eingebettet. Durch die Klimaverschlechterung vor etwa 5000 Jahren blieb Ötzi unter den dicken Eisschichten verborgen.

Himalaja. Die Gletscher „ernähren" sich aus den Schneefeldern im Hochgebirge.

Wie entstehen Fjorde?

Durch das Abschleifen von Gesteinsschichten entstehen Täler, die teilweise bis unter das Meeresniveau reichen. Dort dringt das Meer in die Trogtäler ein und lässt Fjorde entstehen, wie wir sie heute in Alaska, Neuseeland, Chile, Island, Grönland oder Norwegen finden.

Jean-Louis Agassiz (1807–1873) war ein Schweizer Naturforscher und Fossilienexperte. Er bemerkte bei einem Ausflug in die Alpen, dass sich eine auf dem Gletscher errichtete Berghütte innerhalb von 12 Jahren über 1,6 Kilometer wegbewegt hatte. Er stellte eine Reihe von Pfählen quer über den Gletscher auf und entdeckte im darauf folgenden Jahr, dass sie weitergewandert waren. Damit war die Bewegung von Gletschern bewiesen.

Gesteinsblock, Findling, in ehemals vergletschertem Gebiet, der während der Eiszeit mit dem Eis hierher gelangte.

Wieso fließt der Boden in Gletschergebieten?

Am Rande eines Gletschers ist der Boden den Großteil des Jahres gefroren, im Sommer kann er jedoch für kurze Zeit auftauen. Die Oberfläche verwandelt sich dann in schlüpfrigen Schlamm, auf dem große Felsbrocken auf der darunter liegenden, gefrorenen Schicht langsam bergab rutschen. Gefriert der Boden wieder, bleiben sie liegen. Jedes Jahr wandern sie auf diese Weise weiter nach unten. Diesen Vorgang, der die Landschaft in Gletschergebieten prägt, nennt man Bodenfließen (Solifluktion).

Was versteht man unter Findlingen?

Findlinge sind gewaltige Felsen und Gesteinsbrocken, die durch die Vorwärtsbewegungen des Gletschers transportiert werden. Schmilzt das Eis, bleiben sie in der Landschaft zurück, wo sie wie von Riesenhand hingelegt oder aufeinander gestapelt wirken.

Wie wird Frost zum Bildhauer?

Gefriert Wasser oder Wasserdampf in Rissen, Spalten oder Schichtfugen des Gestein, dehnt es sich aus und übt dadurch Druck auf das umliegende Gestein aus – es wird regelrecht gesprengt. Bei häufigem Frostwechsel wird das Verwitterungsgestein in immer kleinere Teile zerlegt, es bilden sich Schutthalden, die vom Gletschereis abtransportiert werden.

Wie bilden Kare Landschaften?

Kare sind wannenförmige Bodenkuhlen und nischenartige Hohlräume in ehemals vergletscherten Gebieten. Durch Abtragung und Erosion entstehen sesselförmige Kare, die übereinanderliegend eine so genannte Kartreppe bilden können.

Wie entstehen Gletscherspalten?

Ist der Untergrund eines Gletschers uneben, zum Beispiel durch Geländeverwerfungen, können Spalten entstehen, wenn sich der Gletscher über die Unebenheiten bewegt. Gletscherspalten sind meist V-förmig und selten tiefer als 30 Meter.

Bringt der Klimawandel die Gletscher zum Schmelzen?

Seit dem 19. Jahrhundert hat sich die Erde durchschnittlich um 0,3 bis 0,6 °C erwärmt. In den Alpen gehen Wissenschaftler sogar von einem Temperaturanstieg von bis zu 1 °C aus. Eine Folge: Die Eismassen der Welt verlieren mehr Eis als sie dazugewinnen. Bis zum Jahr 2100 rechnet man mit einer Verringerung von Eis an Gebirgsgletschern um bis zu 50 Prozent.

Warum schmelzen die „weißen Riesen"?

Nicht nur Schneemangel im Winter, sondern vor allem die strahlungsintensiven und warmen Sommermonate und die ganzjährigen Regen- statt Schneefälle sind für das schwindende Volumen der Gletscher entscheidend.

Was ist eine Albedo?

Eine weiße Eisoberfläche spiegelt das Sonnenlicht fast vollständig zurück in die Atmosphäre – man nennt dies eine hohe Albedo – und hat dadurch eine kühlende Wirkung auf die Oberfläche.

Was hat Luftverschmutzung mit der Gletscherschmelze zu tun?

Die Luftverschmutzung verstärkt das Abschmelzen der Gletscher. Durch Staubablagerungen wird die Gletscheroberfläche aber immer dunkler. Je dunkler die Oberfläche, desto mehr Sonnenwärme nimmt das Eis auf, erhitzt sich dadurch und schmilzt ab.

Die historische Farblithografie aus dem Jahr 1880 zeigt den Stand des Pasterze-Gletschers auf dem Großglockner.

Seit Mitte des 19. Jahrhunderts bis 1975 verloren sie etwa ein Drittel ihrer Fläche und die Hälfte ihres Umfangs. Seitdem sind weitere 20 bis 30 Prozent des Eisvolumens abgeschmolzen.

Wie stark sind die Gletscher im Alpenraum zurückgegangen?

Einzelne Gletscher wachsen trotz oder gerade wegen der Klimaerwärmung, so zum Beispiel der Große Aletsch-Gletscher in der Schweiz. Erwärmung geht oft mit höherem Niederschlag einher, fällt dieser in Form von Schnee, erhält der Gletscher Nahrung – er wächst.

Warum wachsen Gletscher trotz Klimaerwärmung?

Fällt der Niederschlag als Regen, kann die Oberfläche wegschmelzen. Auch in Skandinavien wachsen die meisten Gletscher. Die einfache Formel „Je wärmer, desto mehr schmelzen die Gletscher" stimmt also nicht.

Wie wirkt Regen auf Gletscher ein?

Langfristig führt der Rückgang der Eismassen zu Trinkwassermangel und Wasserknappheit in den Gletschergebieten. Die Folge: Gletschertäler verwandeln sich in Gesteinswüsten, Pflanzen und Tiere können in der Trockenheit nicht überdauern. Dauerfrostböden verlieren durch das Auftauen an Stabilität, es kommt zu Erdrutschen und Bergabgängen. Diese Entwicklung fand bereits schon einmal am Ende der letzten Eiszeit statt.

Welche Gefahren drohen, wenn die Gebirgsgletscher verschwinden?

Gletscheroberfläche. Die Aufnahme ist im National Park La Glaciares in Argentinien entstanden.

Pasterze-Gletscher, Großglockner. Diese Aufnahme aus dem Jahr 2001 zeigt, dass im Gegensatz zur Situation von 1880 (Abb. links) der Gletscher deutlich zurückgegangen ist.

Wie ernährt sich ein Gletscher?

Ein Gletscher erhält in seinen hoch gelegenen Teilen ständig neuen Schnee und verliert durch Abschmelzen im untersten Teil wieder an Masse.

Was bedeuten Akkumulation und Ablation eines Gletschers?

Man unterteilt den Gletscher in zwei Teile: in das Nährgebiet (Akkumulationsgebiet), wo der neue Schnee liegen bleibt und zu Eis wird, und in das Zehrgebiet (Ablationsgebiet), wo der im Winter gefallene Schnee schmilzt oder als Gletscherkalb ins Meer abbricht.

Wieso gelten Gletscher als Wasserspeicher der Erde?

Über 75 Prozent der Süßwasser-Reserven der Erde sind in Eismassen gespeichert. 99 Prozent davon liegen wiederum in der Antarktis und in den Gletschern Grönlands fest.

Wie kommt Gletschereis in den Wasserkreislauf?

Solange Wasser gefroren ist, ist es kein Bestandteil des Wasserkreislaufs, sondern regelrecht „auf Eis gelegt". Erst wenn ein Eisberg oder Hochgebirgsgletscher schmilzt, gelangen die Wasserteilchen wieder in den Kreislauf von Verdunstung und Niederschlag zurück.

Was versteht man unter „Gletschermilch"?

Das Wasser eines Gletscherbachs erscheint durch das transportierte fein zerriebene Gestein milchigtrüb – man spricht von Gletschermilch.

Der Aletsch-Gletscher in der Südschweiz ist der größte Gletscher in Europa. Schön zu sehen, wie der Gletscher sich aus den Schneeflächen „ernährt".

Der Moreno-Gletscher, Aufnahme aus dem argentinischen Nationalpark Los Glaciares.

Gletscher mit Gletschersee im Prince William Sound, USA.

Wie entstehen Gletscherseen?

Die meisten Seen der Erde, zum Beispiel der Bodensee, sind durch die Wirkung von Gletschern entstanden. Die Becken der so genannten Karseen wurden von Gletschern und durch die Witterung (Erosion) immer tiefer ausgeschürft, bis sesselförmige Ausbuchtungen (Kare) entstanden, die sich mit Wasser füllten. Vorstoßende Gebirgsgletscher können Täler aber auch geradezu abriegeln, sodass sich Flüsse und Bäche zu Seen aufstauen – den so genannten Moränenseen. In Norddeutschland findet man Seen, die während der letzten Eiszeit entstanden. Dabei trennten sich Eisblöcke vom Gletscher ab und bildeten Senken (Sölle) im Untergrund – zurück blieben Zungenbecken- und Rinnenseen.

Durch die globale Erwärmung schmelzen die Eisvorräte der Erde, und das frei werdende Wasser lässt den Wasserspiegel langsam ansteigen. In den letzten 150 Jahren stieg der Meeresspiegel zwischen zehn und 25 Zentimetern. Dies entspricht einem jährlichen Anstieg von 1,5 Millimetern.

Der Meeresspiegel würde um mindestens 60 Meter ansteigen. Weite Teile des Festlands aller Kontinente würden überflutet, manche Inselstaaten und Südseeatolle würden von der Landkarte verschwinden.

Wird der Wasserdruck auf die natürlichen Dämme von Moränenseen zu groß, brechen die gestauten Wassermassen aus – es kommt zu Überschwemmungen, Schutt- und Geröllawinen. Durch den Bau von Kanälen versucht man, den Druck des Wassers auf den Moränendamm zu mindern.

Wie kommt es zu einem Anstieg des Meeresspiegels?

Was würde geschehen, wenn die Polkappen schmelzen würden?

Können Gletscher Überflutungen verursachen?

Was bezeichnet man als Eiszeitalter?

Man versteht darunter den Zeitabschnitt der Erdgeschichte, der vor etwa 1,5 Millionen Jahren begann und bis vor 10 000 Jahren andauerte (Pleistozän). Aber auch während einer Eiszeit ist es nicht nur eisig, sondern Kaltzeiten (Glaziale) und Warmzeiten (Interglaziale) wechseln sich in einem relativ regelmäßigen Rhythmus ab.

Was sind die Ursachen einer Eiszeit?

Man vermutet, dass Eiszeiten entstehen, wenn sich die Wärmestrahlung der Sonne verringert – durch Änderungen der Neigung der Erdachse oder Schwankungen der Erdgeschwindigkeit.

Können Meteoriteneinschläge Eiszeiten auslösen?

Auch kosmische Ereignisse (z.B. Meteoriteneinschläge) und damit verbundene Klimaveränderungen können möglicherweise Eiszeiten auslösen.

Was versteht man unter Vergletscherung der Landschaft?

Typisches Kennzeichen einer Eiszeit ist die Vergletscherung der Landschaft. Während der Kaltzeiten waren ganz Skandinavien und Kanada von Eis bedeckt – eine dreifach größere Landmasse als heute. Die Gletscher der Eiszeit suchten sich aus zwei Richtungen ihren Weg: aus Norden über das Gebiet der heutigen Ostsee, von Süden aus dem Alpenraum.

Spitzbergen war während der letzten Eiszeit vollständig von Gletschern bedeckt.

Ohne eiszeitliche Gletscher würde Mitteleuropa heute völlig anders aussehen. Viele Berge, Talsenken, Seen, Bäche und Geröllaufschüttungen gäbe es ohne die Gletscher von damals nicht.

Wie haben die Eiszeitgletscher die Landschaft verändert?

In der frühen Eiszeit war Europa bevölkert von unseren Vorgängern, dem Homo sapiens, und dessen Verwandten, den Neandertalern. Typische Tiere der Eiszeit waren Mammuts, Säbelzahntiger, Höhlenlöwen und Höhlenbären.

Wer lebte während der letzten Eiszeit in Mitteleuropa?

Eine mögliche Klimakatastrophe durch den Treibhauseffekt kann derzeit nicht sicher vorhergesagt werden. Aber eine andere Klimaveränderung kommt mit großer Wahrscheinlichkeit: die nächste Eiszeit. Dann werden die Eismassen der Erde wieder vorstoßen.

Kommt eine neue Eiszeit?

Die momentane Zwischeneiszeit, ein so genanntes Interglazial, dauert bereits 10 000 Jahre. Die mittlere Dauer eines Interglazials liegt bei rund 20 000 Jahren. Einige Wissenschaftler erwarten eine schwache Kaltzeit spätestens in 3000 bis 5000 Jahren. Bei einer starken Abkühlung käme es zu einer gewaltigen Absenkung des Meeresspiegels.

Wie lange dauert ein Interglazial?

Der nordamerikanische Kontinent im Winter aus dem Weltraum gesehen. Die Schneedecke auf dieser Landsat-Aufnahme entspricht ziemlich genau dem Bereich, der während der Eiszeit mit Gletschern bedeckt war.

Die Grafik veranschaulicht die Ausdehnung des Eispanzers während der letzten Eiszeit vor 18 000 Jahren.

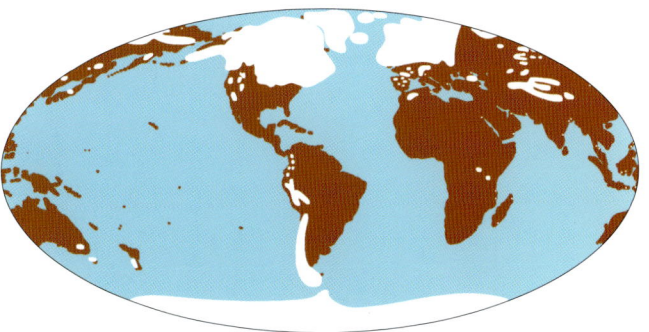

DIE WÜSTE

Etwa 15 Prozent der Erdoberfläche sind mit Wüste bedeckt – mit steigender Tendenz. Sowohl heiße als auch kalte Wüsten wie beispielsweise die Antarktis zählen zu den lebensfeindlichsten Regionen der Welt. Trotzdem haben sich hier Lebensformen von Menschen, Pflanzen und Tieren entwickelt, über deren nahezu ideale Anpassung an die Umwelt man nur staunen kann. Die Ausbreitung der Wüste auf angrenzende Regionen, vor allem die Savannen, ist allerdings Grund zur Sorge, denn sie geht einher mit der Verarmung von Böden und dem allmählichen Verschwinden von landwirtschaftlichen Anbauflächen.

Was ist eine Wüste?

Wüsten haben mehr Gesichter als allgemein bekannt. Man versteht darunter eine Region, in der aufgrund von weniger als 250 Millimeter Niederschlag pro Jahr kein oder kaum Pflanzenwachstum möglich ist, vor allem, wenn der Niederschlag über das Jahr ungleichmäßig verteilt ist. Nur 20 Prozent aller Wüsten sind Sandwüsten – die meisten bestehen aus Fels und Stein.

Was versteht man unter „Kältewüste"?

Nicht alle Wüsten sind heiß. In Hochgebirgen sowie polaren und subpolaren Klimazonen fällt oft ebenso wenig Niederschlag wie in trockenen Gebieten – man spricht daher von Kältewüsten. „Eiswüsten" nennt man ganzjährig eisbedeckte Gebiete, die an den Polarkreisen und in den Gipfelregionen von Hochgebirgen vorkommen.

Welches sind die größten Wüsten der Erde?

Die größte Wüste der Erde ist die Antarktis. Dort fallen weniger als 50 Millimeter Niederschlag pro Jahr. An zweiter Stelle steht die Sahara, die mit neun Millionen Quadratkilometern Fläche fast so groß ist wie Europa.

Riesige Sandfläche im White Sands National Monument, USA.

Wo liegt die zweitgrößte Trockenwüste der Erde?

Das „rote Herz" Australiens nimmt fast die Hälfte des Erdteils ein und gilt als zweitgrößte Trockenwüste des gleichzeitig wärmsten Kontinents der Erde.

Auch Eis kann Wüste sein, wenn der Winter im Grand Teton National Park, Nordamerika, Einzug gehalten hat.

Wüsten nördlich und südlich des Äquators nennt man Trockenwüsten. Sie sind durch heiße Luftmassen entstanden, die am Äquator aufsteigen. Über dem Äquator regnen sie ab und ziehen weiter in Richtung der Wendekreise. Dort sinken sie, erwärmen sich und fließen als Passatwind zurück zum Äquator. Auf dem Weg dorthin speichern sie die Feuchtigkeit der Luft und trocknen auf diese Weise die Gebiete aus, über die sie hinwegziehen – die Wüste entsteht.

Wie sind die Trockenwüsten der Erde entstanden?

Zu den nördlichen Trockenwüsten zählen die Wüste Gobi in China, die Wüsten im Südwesten Amerikas, die Sahara in Nordafrika und die arabischen und iranischen Wüsten im Nahen Osten. Im Wüstengürtel der Südhalbkugel liegen Patagonien in Argentinien, die Kalahari im südlichen Afrika sowie die Große Victoriawüste und die Große Sandwüste in Australien.

Welche Trockenwüsten gibt es?

Kalte Meeresströmungen beeinflussen das Klima angrenzender Küstengebiete. Luftmassen, die über das kalte Wasser streichen, regnen sich über dem Meer ab. An den Küsten bildet sich zwar noch Nebel, aber kein Niederschlag.

Welche Rolle spielen Meeresströmungen bei der Entstehung von Wüsten?

Als Küstenwüsten bezeichnet man die Atacama-Wüste in Chile und die Namib, die dem Staat Namibia ihren Namen gab. Die Küstengebiete Südkaliforniens und die Halbinsel Baja California zählen zu den Nebelwüsten.

Wo gibt es Nebel- und Küstenwüsten?

Neben den Wüstengürteln der Wendekreise gibt es die zentralasiatischen Wüsten Gobi und Taklamakan. Sie liegen weit entfernt von den Weltmeeren und zudem im Regenschatten besonders hoher Gebirgszüge. Hier gibt es ausgeprägte Jahreszeiten: Im Winter kann es bitterkalt werden, im Frühling fällt leichter Regen.

Gibt es Jahreszeiten in der Wüste?

Kann man tagsüber in der Sahara barfuß laufen?

Die Sonnenstrahlen heizen die Bodenoberfläche der Wüste tagsüber bis zu 80 °C auf – eine Hitze, die sogar durch die Schuhsohlen dringt und beim Barfußlaufen zu schmerzhaften Verbrennungen führen würde.

Wodurch entstehen die Temperaturschwankungen zwischen Tag und Nacht?

Während die Lufttemperatur tagsüber 50 °C überschreitet, können die Temperaturen in der Sahara nachts bis auf den Gefrierpunkt um 0 °C fallen. Trockene Luft kann die Tageshitze nicht speichern – bei Dunkelheit entweicht die Wärme deshalb in die Atmosphäre.

Wie hoch ist die Luftfeuchtigkeit in Mitteleuropa?

In Mitteleuropa beträgt die Luftfeuchtigkeit etwa 60 Prozent, nur 30 Prozent der Sonnenstrahlen erreichen überhaupt den Boden.

Wie prägt die Verwitterung das Gesicht der Wüste?

Wind, Sand, Temperaturwechsel und seltene Regengüsse verändern das Gesicht der Wüste ständig: Durch Verwitterung (Erosion) entstehen Geröllwüsten und bizarre Stein- und Felsenformen wie beispielsweise Naturbögen, bei denen der Wind die unten liegenden weichen Gesteinsschichten ausgefeilt hat.

Erosion durch Temperaturunterschiede. Die starken Temperaturschwankungen zwischen Tag und Nacht führen zu einem ständigen Wechsel zwischen Erwärmung – Ausdehnung und Abkühlung – Zusammenziehen des Gesteins, bis es bricht.

Wenn es Nacht wird in der Wüste von Namibia, sinken auch die Temperaturen deutlich.

Bei Wüstenreisenden war sie seit jeher gefürchtet: die Fata Morgana. In ihrer einfachen Form sieht man sie als dünne Linie, die am Horizont wie die Oberfläche eines Sees schillert. Sie entsteht, wenn Luft direkt über dem Boden heißer ist als die darüber liegende Luftschicht. In einer anderen Form kann eine Fata Morgana Bilder von sehr weit entfernten Gegenständen wie beispielsweise Palmen widerspiegeln. So meint man, ganz in der Nähe eine Oase zu sehen – ein trügerisches Bild.

Was ist eine Fata Morgana?

Die starken Temperaturschwankungen zwischen Tag und Nacht führen zu einem immerwährenden Wechsel zwischen Erhitzung (Ausdehnung) und Abkühlung (Zusammenziehen) des Wüstengesteins – bis es bricht. Trümmer von Bergen rutschen oftmals als Gesteinslawinen nieder. Spalten, die bis zu 100 Meter lang sein können, reißen plötzlich mit einem Knall im Gestein auf.

Weshalb kann man in der Wüste manchmal ein Bersten und Krachen hören?

Sowohl in den heißen subtropischen als auch in kalten polaren Wüsten herrscht extremer Wassermangel. Das mag zunächst verwundern, bestehen Kältewüsten doch größtenteils aus gefrorenem Wasser. Dieses ist jedoch als Eis für das Wachstum von Pflanzen nicht nutzbar. Erst wenn während der kurzen Polarsommer Schnee und Eis schmelzen, erhalten Pflanzen das lebensnotwendige Wasser.

Was haben heiße und kalte Wüsten gemeinsam?

Die Tundra ist die Region unterhalb der Polargrenze der Erde. Während des Polarwinters ist sie etwa zehn Monate lang eine Eiswüste. Zu Beginn des Sommers tauen die obersten Bodenschichten zu unzähligen kleinen Tümpeln und Seen auf.

Was versteht man unter Tundra?

Dann finden kleine Sträucher, Farne, Moose und Flechten genügend Wasser und Tageslicht für ihr Wachstum vor. Nach wenigen Monaten erstarrt die Tundra wieder zur Eiswüste.

Welche Pflanzen gibt es in der Tundra?

Was ist eigentlich Wüstensand?

Wüstensand ist nichts anderes als verwittertes Gestein und Ablagerungen aus urzeitlichen Meeren und Flüssen (Sedimentgestein). Er besteht aus winzigen Mineralkörnern, hauptsächlich aus Quarz. Wissenschaftler haben seine Korngröße festgelegt: Sie beträgt 0,063 bis zwei Millimeter.

Wer ist der „Baumeister" der Dünen?

Der Wüstenwind hält den Sand in Bewegung, ähnlich wie die Wellen des Meeres. Bläst der Wind den Sand über den Boden, bleiben Sandteilchen an kleinen Bodenunebenheiten hängen, und es entstehen flache „Sandriefen". Durch den nachströmenden Sand wachsen diese zu Mini-Dünen an. Der Sand wird an der flachen Seite einer Düne hinaufgeweht und rieselt an der steilen hinunter. Von weitem sehen Dünen deshalb oft so aus, als „rauchen" sie auf ihrem Gipfel. Die dem Wind zugewandte Seite ist nie steiler als 30°. Die Dünen wachsen; Korn für Korn verlagern sie sich, wie eine langsame Welle im Meer.

Wanderdüne in der Sahara. Wanderdünen entstehen, wenn der Wind den Sand weiter trägt, weil es keine Vegetation zur Verankerung gibt.

Welche Arten von Dünen gibt es?

Düne ist nicht gleich Düne; ihre Formen wechseln, je nach Wind, von lang gestreckt über sichelförmig bis hin zu sternförmig. In der Namib-Wüste können Sanddünen bis zu 500 Meter hoch werden.

Was bezeichnet man als „Erg"?

Die bekannteste Landschaftsform der Wüste ist ein Erg – eine Sandwüste mit großen Dünen. Sie macht jedoch nur ein Fünftel der Sahara aus. Ein Erg entsteht, wenn der Wind viele kleine Sicheldünen zu immer größeren Dünenketten zusammenschiebt, bis schließlich ein neues Dünenmassiv, der Erg, entstanden ist.

Felsformation im Monument Valley, USA. Die waagerecht lagernden Sandsteinschichten wurden in vielen Jahrtausenden durch das Klima zu bizarren Felsen geformt.

Welche Gefahren drohen von Wanderdünen?

Wanderdünen entstehen, wenn sie nicht durch Vegetation verankert werden und deshalb vom Wind weitergetragen werden. Sie begraben alles unter sich, was ihren Weg kreuzt: Wasserlöcher, Wüstenpflanzen, ja sogar Siedlungen.

Sandstürme kündigen sich oft mit einzelnen schmalen, gelben Sandbändern an, die über den Wüstenboden treiben und sich immer mehr verdichten. Typisch ist, dass sie nach oben scharf abgegrenzt sind, maximal wenige Meter über der Wüstenoberfläche. Der Wind kann die Sandkörner wegen ihres Gewichts nur bis auf eine bestimmte Höhe anheben. Den besten Schutz vor einem Sandsturm findet man daher auf einer Anhöhe oder einem Berg.

Sandsturm in der Sahara treibt Sandmassen über den Atlantik und die Kanarischen Inseln.

Gibt es auch in Europa Wanderdünen?

Die größte Wanderdüne Europas, die so genannte „Dune du Pylat", ist derzeit 137 Meter hoch und befindet sich in Frankreich bei Arcachon. Große Wanderdünen kommen auch in Litauen bei Nidden vor. In Deutschland gibt es noch aktive Wanderdünen im Naturpark Nuthe-Nieplitz in Brandenburg.

Wieso vergleicht man den Wüstenwind mit einem Sandstrahlgebläse?

In der Atmosphäre über der Sahara schweben ständig drei bis fünf Millionen Tonnen Sand und Staub. Seit Jahrtausenden fegt der Wüstenwind, angereichert mit nadelfeinen Sandkörnern, über Felsformationen und Berge hinweg – ein Vorgang, der einer fast pausenlosen Bearbeitung mit einem Sandstrahlgebläse ähnelt. Der Wind schleift und poliert auf diese Weise bizarre Formen in die Steinlandschaft der Wüsten, wie Windkanter (geschliffene Steine) und Pilzfelsen. Die Verwitterung der Gesteine schreitet auf diese Weise unaufhörlich fort.

Wie schnell fliegt der Staub?

Täglich können etwa eine Million Tonnen Staub aus der Sahara fortgeweht werden. Das entspricht einem Güterzug mit 400 Kilometern Länge. Messungen zeigen, dass der Saharastaub in der Atmosphäre innerhalb von einer Woche 4500 Kilometer zurücklegen kann.

Was versteht man unter Restbergen?

Wohl die berühmtesten Restberge der Welt sind im Monument Valley in den USA zu bestaunen. Sie bestehen aus Sandstein, der als „Rest" zurückblieb, nachdem Wasser und Wind den weicheren Schiefer ringsum weggespült hatten.

Kann man auf Sand Ski fahren?

Eine neue Mode macht sich in den Dünen der Namib breit: Sandski fahren. Skifahrer rasen mit ihren Abfahrtsski die Dünen im Schuss hinab – Sand ist so beschaffen, dass man auf ihm keine Kurven fahren kann.

War die Sahara einst eine blühende Landschaft?

Noch vor etwa 10 000 Jahren war die Sahara eine Savanne, in der Elefanten, Rhinozerosse und Giraffen lebten. In Flüssen und Seen schwammen Flusspferde und Krokodile. Das belegen Knochenfunde und Felsmalereien der damaligen Saharabewohner, die vor allem Jagdszenen darstellen.

Wie wurde die Sahara zur Wüste?

Man vermutet, dass sich das Gebiet der Sahara durch die Kontinentaldrift und veränderte Sonneneinstrahlung allmählich zur Wüste entwickelt hat. Die heutige Wüste ist erst 4000 Jahre alt.

Wie alt sind die Wasservorkommen der Sahara?

Heute gibt es in der Sahara keine dauerhaften Fließgewässer mehr. Umso kostbarer ist das Grundwasser, das noch in den tiefen Bodenschichten vorkommt. Wissenschaftler haben festgestellt, dass dieses Wasser bis zu einer Million Jahre alt sein kann. Es fließt mit einer Geschwindigkeit von einem bis zwei Metern pro Jahr in einem unterirdischen Wassersystem unter der Wüste von Ägypten, Libyen, Tschad und dem Sudan.

Was ist ein „Geisterregen"?

Hin und wieder regnet es in der Sahara – und die Tropfen verschwinden, wie von Geisterhand weggewischt. Der Grund: Regenwasser verdunstet durch die Hitze des Bodens, bevor es auftrifft.

Wadi in Nordafrika. Ein Wadi ist ein ausgetrocknetes Wüsten-Flusstal, das bei starkem Regen kurzzeitig auch ein reißender Wasserlauf sein kann.

In der Wüste kommt es nur selten zu einem Platzregen, oft regnet es jahrelang gar nicht. Die ausgetrockneten Flussläufe, so genannte Wadis, die die Wüsten durchziehen, entstanden daher meist schon zu Zeiten, als die Wüste noch feuchter war. Wadis können bis zu 1000 Kilometer lang sein. Bei Gewittern füllen sie sich.

Was ist ein Wadi?

Oasen sind die Lebensquellen der Wüste. Sie entstehen an Wadis oder dort, wo das Grundwasser an die Oberfläche kommt (artesische Brunnen) oder hochgepumpt wird.

Wo entstehen Oasen?

Einige Oasen am Fuß eines Gebirges werden von unterirdischen Flüssen gespeist, wie zum Beispiel aus dem Atlasgebirge Nordafrikas.

Wo speisen unterirdische Flüsse Oasen?

Während der seltenen Regenfälle in der Wüste sammelt sich Wasser in Senken. Es verdunstet und hinterlässt eine glitzernde Schicht aus Salzkristallen, die das Wasser aus dem Boden gelöst hat.

Wie kommt das Salz in die Wüste?

In der Sahara nennt man diese Salzflächen „Schott". Sie kommen in nahezu allen Trockenwüsten vor. Ein berühmter Salzsee liegt in der Etoscha-Pfanne in Namibia.

Wie heißen Salzflächen in der Sahara?

Der Salzsee von Swakopmund in Namibia.

The Pinnacles, in Australien durch Erosion entstandene Felsnadeln.

Was ist ein Trampeltier?

Mit Trampeltier bezeichnet man das zweihöckrige Kamel, das in den asiatischen Wüsten lebt. Sein nur einhöckriger afrikanischer Verwandter ist das Dromedar. „Trampelig" sind beide nicht im Geringsten. Tellerförmige Hufe mit Schwielen, die wie Stoßdämpfer wirken, erlauben es ihnen, mühelos im dichtesten Sandsturm und über scharfkantiges Gestein zu gehen.

Was macht das Kamel zum Überlebenskünstler in der Wüste?

Das Kamel hat sich der Wüste perfekt angepasst: Es hat bei Sandsturm verschließbare Nasenlöcher; doppelte Wimpernreihen, durch die kein Sandkorn dringt; dornige Zweige genügen als Leibspeise. Ferner schafft es das Kamel, einen halben Monat ohne zu trinken durch die Wüste zu ziehen.

Das Kamel hat sich der Wüste perfekt angepasst.

Wie viel Wasser kann ein Kamel auf einmal trinken?

Gibt es dann Wasser, können Kamele in nur 15 Minuten bis zu 200 Liter Wasser zu sich nehmen. Der Höcker des Kamels ist kein Wassertank, sondern ein Fettspeicher als Nahrungsreserve.

Wie kann man Tautropfen sammeln?

Winde vom Atlantik treiben Nebelschwaden in die Dünen der Namib-Wüste. Schlangen können die Feuchtigkeit, die sich aus dem Nebel niedergeschlagen hat, von ihren Schuppen saugen.

Was „trinken" Käfer?

Auch Käferarten sammeln den Tau auf ihrem Körper und lassen die winzigen Tropfen dann in den Mund rinnen.

Termitenbau in der Wüste. Termiten sind den Schaben verwandte Insekten. Sie werden auch „weiße Ameisen" genannt, haben aber mit den Ameisen nur die Bildung großer Staaten gemeinsam.

*Ein typischer Wüsten-
bewohner ist der Gecko.
Es gibt ihn in den
Tropen und Subtropen
in über 650 Arten.*

Was kennzeichnet viele Wüstentiere?

Die meisten Wüstentiere bekommt man erst abends und nachts zu Gesicht, wenn die Temperaturen sinken und sie auf Nahrungssuche gehen: Kammfinger (das sind kleine Nagetiere), Eidechsen, Schlangen, Chamäleons und Skorpione. Fast alle sind ausgesprochene Überlebenskünstler, die ganz ohne Trinken auskommen. Sie erhalten das für sie nötige Wasser aus ihren Beutetieren oder den wenigen Futterpflanzen, die vereinzelt zu finden sind. Reptilien bewegen sich in den Sanddünen wie Fische im Meer. Sie schlängeln sich durch den Sand und tauchen, falls es zu heiß wird, in tiefere Sandschichten ab, in denen angenehme, gleichbleibende 30 °C herrschen.

Viele Käferarten und Grillen der Wüste haben vergrößerte Füße, um nicht im Sand einzusinken. Der fast durchsichtige Sandschwimmergecko trägt zwischen den Zehen sogar breite Schwimmhäute, die ihn auch im Sand schnell vorwärts kommen lassen.

Die Natur hat raffinierte Methoden entwickelt, um Tiere und Insekten vor den Temperaturen der Wüste zu schützen. Die Sandechse hat eine besondere Gangart entwickelt, um sich den Bauch und die Füße im heißen Sand nicht zu versengen.

Bei der Fortbewegung berühren jeweils abwechselnd nur ein Vorder- und Hinterfuß der Sandechse den Boden. Zwischendurch macht sie eine Pause auf dem Bauch und streckt alle vier Beine und den Schwanz in die Luft – bis die Füße gekühlt sind und der Bauch ungemütlich heiß wird.

Wozu leben Wüstentiere auf großem Fuß?

Wie schützt sich die Tierwelt in der Wüste?

Wieso streckt die Sandechse alle Viere von sich?

Welche Pflanzen bezeichnet man als Sukkulenten?

Sukkulenten, auch Fettpflanzen genannt, speichern Regenwasser im Stamm, in den Blättern oder in den Wurzeln, um sich gegen Trockenzeiten zu schützen. Zu den Sukkulenten zählen Kakteen, Agaven und andere Dickblattgewächse.

Wie haben sich Kakteen der Trockenheit in der Wüste angepasst?

Kakteen sind in den Trockengebieten Amerikas heimisch und wurden von Seefahrern nach Europa und Afrika gebracht. Kakteen haben ihre Blätter zu Stacheln reduziert, um die Verdunstung zu verringern und sich vor dem Gefressenwerden zu schützen.

Wie speichern Kakteen Wasser?

Kakteenstämme funktionieren wie ein wasserspeichernder Schwamm. Ein ausgewachsener Saguaro-Säulenkaktus kann bis zu 8000 Liter Wasser in seinem Innern speichern.

Wie kommen Pflanzen an das Grundwasser heran?

Auf der Suche nach Grundwasser bohren Akazien in der Sahara ihre Wurzeln bis zu 50 Meter tief in die Erde. Unter den schattenspendenden Baumkronen entstehen auf diese Weise in der australischen Wüste neue Lebensräume – kleine Inseln mit Bäumen, Gräsern und sogar Blumen.

Saguaro-Säulenkaktus, der bis zu 8000 Liter Wasser in seinem Stamm speichern kann.

Auf der Suche nach Wasser bohren Bäume ihre Wurzeln bis zu 50 Meter tief in die Erde.

So genannte ephemere, das heißt nur kurz erscheinende Pflanzen, können jahrelang als Samen ruhend im Wüstenboden verbringen. Regnet es, keimen und blühen sie innerhalb von wenigen Tagen und bedecken die Wüste oft kilometerweit mit bunten Blumen. Nach wenigen Tagen ist die Pracht vorüber.

Können Blumen in der Wüste blühen?

Die Namib-Wüste hat eine Pflanze hervorgebracht, die weltweit nur dort vorkommt und die alle Altersrekorde sprengt. Die Welwitschia mirabilis, benannt nach dem österreichischen Botaniker Welwitsch, kann 1000, unter günstigen Umständen sogar bis zu 2000 Jahre alt werden.

Wer ist die älteste Wüstenbewohnerin?

Sie besitzt nur zwei Blätter, die etwa 30 Zentimeter breit werden. Ihr netzförmiges Wurzelwerk kombiniert sie mit einer tiefen Pfahlwurzel, um an beide Wasserquellen heranzukommen; darüber hinaus nutzt sie den Morgentau und Nebel.

Wie löscht die Welwitschia ihren Durst?

Flechten sind wahre Anpassungskünstler – es gibt sie sowohl in der Tundra als auch in der Sandwüste. Eine Flechte der Sahara (Ramalia maciformis) überlebt sogar Temperaturen über 80 °C.

Welche Pflanze lebt sowohl in der Sandwüste als auch in der Kältewüste?

Die Baumvegetation in der australischen Wüste sichert auch anderen Pflanzen, Gräsern und sogar Blumen, Lebensräume.

Wie leben die Menschen in den Oasen?

Oasen sind kleine Inseln im Sandmeer. Händler, Karawanen und heutzutage auch Touristen, alle kommen, um ihre Wasservorräte aufzufüllen. Kleine Oasen bestehen meist nur aus ein paar Palmen und einem Brunnen. In den großen Oasen der Sahara hingegen wird sogar Landwirtschaft betrieben.

Was wird in Oasen angebaut?

Im Schatten von Palmen und Obstbäumen wachsen auf kleinen Feldern Gerste, Weizen und Gemüse wie Zwiebeln, Bohnen, Gurken, Melonen und Kohl.

Muss der Anbau geplant werden?

In einer Oase muss genau geplant werden, was wo angebaut wird, denn manche Pflanzen vertragen mehr, andere weniger Licht und Wasser. Felder und Palmen werden mit Lehmmauern vor dem vorrückenden Sand geschützt.

Wie werden die Oasen bewässert?

Oasen sind durchzogen von einem Netz aus kleinen Kanälen, die um und zwischen den Feldern hindurchlaufen. Hier fließt das kostbare Nass zur Bewässerung. Mit Dämmen aus Lehm wird das Wasser auf die verschiedenen Parzellen umgeleitet. Geschöpft wird das Wasser heutzutage mit Hilfe von Motorpumpen; in kleinen Oasen gibt es noch Windräder sowie Brunnenräder, die von Eseln angetrieben werden.

Ausschnitt von der Erde mit ihren Wüsten. Oben: Nordeuropa, darunter Südeuropa und unten Nordafrika.

Kamel vor den Pyramiden von Giseh. Es trägt Reiter und Lasten durch die Wüste, ist unempfindlich gegen Hitze, aber auch gegen niedrige Temperaturen.

Die Rede ist von der Dattelpalme. Datteln gehören zu den Hauptnahrungsmitteln der Wüstenbewohner und sind das wichtigste Handelsgut der Oasen. Seit Jahrtausenden werden Dattelpalmen angepflanzt. Man schätzt, dass es in der Sahara etwa 30 Millionen Dattelpalmen gibt. Neben ihren Früchten liefern sie Bauholz; ihre Blätter nutzt man für Zäune und Körbe.

Wer ist die Königin der Wüste?

Ohne sie wären die Wüstengebiete der Erde bis heute wahrscheinlich unbewohnt geblieben: die Kamele. Man nennt sie Wüstenschiffe, da ihr wogender Gang an den Seegang von Schiffen erinnert. Als Transportmittel sind sie unübertroffen, da sie weder Benzin noch Ersatzteile benötigen. Zudem liefern sie dem Menschen Milch, Fleisch, Wolle und Leder – nahezu alles, was man zum Überleben in der Wüste braucht.

Was sind Wüstenschiffe?

Nomaden nennt man Viehzüchter mit nicht sesshafter Lebensweise, die das Jahr über mit ihren Herden, meist Rindern und Ziegen, zu verschiedenen Weidegebieten ziehen. Als Beduinen bezeichnet man, genau genommen, nur Nomaden, die Dromedare züchten. Zu den bekanntesten Nomaden der Sahara zählen die Tuareg.

Was sind Nomaden und Beduinen?

Nomaden sind die treibende Kraft des so genannten Trans-Sahara-Handels, der die Wüste schon seit Jahrhunderten mit der im Süden angrenzenden Sahel-Zone und mit Nordafrika verbindet. Im Sahel tauschen sie Vieh gegen Hirse ein.

Wie verläuft der Karawanenhandel in der Sahara?

Das Getreide wird über Hunderte von Kilometern per Lkw oder „Wüstenschiff" in die Oasen der Sahara transportiert, wo es gegen Salz und Datteln eingehandelt wird – beides begehrte Güter im Süden und Norden der Sahara. Dann ziehen die Karawanen wieder weiter.

Wie werden die Handelsgüter transportiert?

Was versteht man unter Sahel-Zone?

Die Sahel-Zone befindet sich am Übergang zwischen der Sahara und den Richtung Äquator liegenden tropischen Gebieten Afrikas. Sie besteht überwiegend aus Gras- und Dornstrauchsavanne. Durch die sommerliche Regenzeit zwischen Juni und September ist der Anbau von Getreide, hauptsächlich Hirse, möglich – aber auch riskant. Denn häufig fällt der Regen nur spärlich oder bleibt ganz aus. Der Sahel ist daher bekannt für immer wiederkehrende Dürren und Hungersnöte.

Warum gibt es in den Wüsten Amerikas und Australiens keine Oasen?

Zwar gibt es auch hier Wasser und Brunnen in der Wüste, es entstand jedoch keine Tradition, diese Brunnen als Oasen zu bewirtschaften. Vor allem die Wüsten Australiens und des südlichen Afrikas waren früher fast ausschließlich von Jägern und Sammlern bewohnt, die keinen großen Wasserbedarf hatten.

Kann der Mensch durch Jagen und Sammeln in der Wüste überleben?

Dass man auch in der Wüste vom Jagen und Sammeln leben kann, zeigen die San („Buschleute") in der Kalahari des südlichen Afrikas und die australischen Aboriginies. Die San kennen über 200 wild wachsende Pflanzenarten der Kalahari, davon sind 115 essbar. Zur Erntezeit suchen sie die Plätze auf, an denen die Knollen, Wurzeln und Gräser wachsen, und ernten sie ab. Erlegtes Wild macht nur 20 bis 40 Prozent des Speisezettels aus. Gejagt werden unter anderem Antilopen, Springhasen, Strauße, Schlangen, Termiten und Käfer.

Wie finden die San den Weg zur Wasserquelle?

Tierspuren können den Weg zur Wasserquelle weisen. Darüber hinaus zeigen bestimmte Pflanzen und Insekten an, ob andere essbare oder wasserspeichernde Pflanzen in der Umgebung wachsen. Die San haben eine Technik entwickelt, mit der Hand die Trinkflüssigkeit aus den Knollenpflanzen herauszupressen. Mit hohlen Pflanzenstängeln kann man selbst aus feuchtem Sand Wasser heraussaugen.

Ein Ureinwohner Australiens, der Aborigines. Die Aborigines haben bewiesen, dass man vom Jagen und Sammeln auch in der Wüste überleben kann.

Die Inselberge im zentralen Australien bestehen aus roten Steingemischen.

Die Inuit (früher „Eskimo") sind Überlebenskünstler auf dem Eis. Seit sie jedoch zu Beginn des 20. Jahrhunderts mit westlichen Walfängern und Pelztierhändlern in Kontakt kamen, hat sich ihre Kultur dramatisch verändert: Vor allem durch die Einführung des Alkohols und den zunehmenden Alkoholismus zerbrachen viele ihrer traditionellen Gemeinschaften. Seit dem Zweiten Weltkrieg ist die Anpassung an die westliche Kultur immer weiter vorangeschritten.

Die Inuit leben rings um den Polarkreis in Grönland, Kanada, Alaska und in Sibirien. Dank ihrer Anpassung an die eisige Umwelt überlebte ihre Kultur über Jahrtausende. Früher ernährten sie sich fast ausschließlich von der Jagd auf Meeressäugetiere wie Wale, Walrosse und Robben. Fischfang spielte nur eine untergeordnete Rolle, da das Meer meist zugefroren war. Einige Gruppen, die in der Tundra lebten, spezialisierten sich im Sommer auf die Jagd von Karibus und Rentieren.

Wovon leben die Inuit in der Eiswüste?

Da Pflanzen im „ewigen Eis" nicht wachsen, waren die Inuit darauf angewiesen, alle Nährstoffe aus erlegten Jagdtieren zu beziehen. Als Delikatesse galt der mit Gräsern und Flechten gefüllte Magen von erlegten Karibus.

Gab es bei den Inuit pflanzliche Nahrung?

Not macht erfinderisch – Tierknochen und vor allem die riesigen Rippenbögen der Wale waren das Baumaterial für die Häuser der Inuit. Die Pfosten aus Knochen überzog man mit gegerbten Robben- oder Karibufellen. Treibholz aus dem Meer wurde meist im Innenraum verbaut.

Was benutzten die Inuit als Baumaterial?

Iglus wurden von den Jägern auf ihren ausgedehnten Streifzügen als „Fertighaus" gebaut, wenn sie die Nacht auf dem Eis verbringen mussten oder Schutz vor Stürmen suchten. Iglus werden aus herausgeschnittenen Schneeblöcken kuppelartig zusammengesetzt. Das Innere des Iglus erwärmt sich durch die Körpertemperatur des Menschen.

Wohnten die Inuit in Iglus?

Da in der Eiswüste kein Holz zum Feuern zur Verfügung steht, entwickelten die Inuit eine andere Methode der Feuerung: die Tranlampe. Tran ist ein Öl, das aus dem Fettgewebe von Walen oder Robben gewonnen wird. Damit befüllte man kleine Specksteinlampen, deren Flammen zum Kochen und zum Heizen dienten.

Womit machten die Inuit Feuer?

Inuit – früher „Eskimo" – in der Eiswüste Grönlands nach dem Fischfang.

Wieso werden die Wüstengebiete der Welt immer größer?

In den vergangenen Jahrzehnten konnte man ein schnelles Anwachsen der Wüstengebiete (Desertifikation) der Welt beobachten. So dringt allein die Sahara jährlich 600 Meter weiter in die südlich angrenzende Sahel-Zone vor. Obwohl klimatische Veränderungen auch eine Rolle spielen, weiß man heute, dass der Mensch den größten Anteil der Schuld an der „Verwüstung" von Böden trägt.

Warum werden mehr Brunnen gebohrt?

Durch das Bohren von Brunnen können auch in den Trockengebieten immer mehr Menschen Ackerbau betreiben und große Viehherden mit Wasser versorgen. Allerdings nur für kurze Zeit, denn für die Brunnen wird Grundwasser angezapft.

Was geschieht, wenn man zu viele Brunnen in Wüsten und Savannen bohrt?

In Wüsten und Savannen reichen die Niederschläge nicht aus, um die Grundwasservorräte zu erneuern. Entnimmt man zu viel Wasser, sinkt der Grundwasserspiegel, und das Wasser versiegt schließlich.

Was sind die Folgen, wenn Böden versalzen?

Durch Bewässerung von stark mineralienhaltigen Böden der Trockenregionen können sich Salze aus dem Boden lösen. Verdunstet das Wasser, bildet sich eine Salzschicht – die Böden werden unfruchtbar.

Viehwirtschaft in der Savanne. Bei zu großen Viehherden besteht die Gefahr, dass die spärliche Pflanzendecke auch durch Überweidung zerstört wird.

Ein Buschmann, San, in der Kalahari-Wüste Namibias bei der Jagd.

Je größer die Viehherden werden, desto größere Weidegebiete brauchen sie, um genug Futter zu finden. Durch die Überweidung wird die ohnehin schon spärliche Pflanzendecke der Savannen zerstört. Nichts kann dann den Sand der Wüste am Vormarsch hindern.

Warum werden große Viehherden in den Savannen zum Problem?

Seit Beginn des 20. Jahrhunderts hat sich die Weltbevölkerung auf über sechs Milliarden Menschen vervierfacht. Immer mehr Menschen leben in Trockengebieten – damit steigt die Notwendigkeit, auch dort mehr Nahrungsmittel zu erzeugen.

Warum bewirtschaftet man Wüsten- und Trockengebiete?

Um die steigende Bevölkerungszahl auszugleichen, versuchen Regierungen und Organisationen, wirksamere Methoden der Bewirtschaftung und neue Einkommensmöglichkeiten zu entwickeln.

Wie wird versucht, die wachsende Bevölkerung zu versorgen?

Die San der Kalahari entnehmen der Wüste nur so viel Nahrung und Brennstoffe, wie während ihrer Abwesenheit wieder nachwachsen kann. Auf diese Weise stellen sie sicher, dass sie auch in Zukunft an ihren Sammelplätzen etwas zu essen und zu trinken vorfinden werden. Dieses Prinzip nennt man „Nachhaltigkeit".

Was kann man von Jägern und Sammlern der Wüste lernen?

Savannenlandschaft. Da in dieser tropischen Steppe Bäume vereinzelt oder in Gruppen stehen, heißt sie auch Baumsteppe.

ÜBERSCHWEMMUNGEN

Überschwemmungen und Hochwasser zählten in den vergangenen Jahren zu den häufigsten Naturkatastrophen in Deutschland und Mitteleuropa. Das jüngste Beispiel für die Zerstörungskraft der Wassermassen ist das Hochwasser der Elbe, das im Jahr 2002 Dresden und andere Städte an den Elbzuflüssen tagelang unter Wasser setzte. Der Mensch trägt durch die Begradigung und Besiedlung von Flussufern und die Bebauung ihrer Überflutungsgebiete die Hauptverantwortung dafür, dass sich Hochwasser immer verheerender auswirken und auch immer häufiger auftreten.

Woher bekommt ein Fluss sein Wasser?

Ein Fluss speist sich aus verschiedenen Wasserquellen: Regenwasser füllt das Flussbett auf direktem Weg auf. Daneben spielt der Zufluss aus unterirdischen Wasseradern eine wichtige Rolle. Mehrere Bäche bilden so einen immer größer werdenden Fluss.

Wie groß ist das Einzugsgebiet des Rheins?

Beeindruckend ist das Einzugsgebiet, das Deutschlands größter Fluss, der Rhein, hat: Die Niederschläge auf einer Fläche von 185 000 Quadratkilometern – etwa ein Drittel der Fläche der Bundesrepublik – fließen in ihn.

Wie entstehen Überschwemmungen?

Überschwemmungen können durch zu viel Regen in kurzer Zeit oder durch Tauwetter entstehen, bei dem plötzlich große Schnee- und Eismassen abschmelzen. Was dann in den Flüssen passiert, ähnelt einer verstopften Autobahn, auf der es zum Stau kommt: Die Wassermassen werden nicht schnell genug abtransportiert, und der Pegel steigt.

Was ist eine Abflusswelle?

Der Wasserstau bildet eine so genannte Abflusswelle, einen Berg aus Wasser. Treffen diese Flutberge aus mehreren Zuflüssen zusammen, addieren sich ihre Wassermassen zu einer immer höheren Abflusswelle.

Nach Regenfällen führen auch die Zuläufe von Flüssen mehr Wasser. Mehrere Bäche treffen sich in Tal- oder Gebirgssenken und bilden einen immer größeren Fluss.

Blick auf den Zusammenfluss von Rhein und Mosel. Beeindruckend ist das Einzugsgebiet des Rheins. Er nimmt die Niederschläge einer Fläche etwa eines Drittels der Bundesrepublik auf.

Wie entstehen Hochwasser im Winter?

Schnee, der in den Mittelgebirgen und Hochgebirgen fällt, bleibt normalerweise bis zu drei Monaten fest, bevor er auftaut und als Schmelzwasser abfließt. Kommt ein Wetterwechsel, der warme Luft heranträgt, schmilzt der Schnee schnell ab. Da die Böden noch gefroren sind, kann das Wasser kaum versickern und fließt in die Flüsse. Falls es durch ein ausgedehntes Tiefdruckgebiet zu starken Regenfällen kommt, machen sich die Wassermassen bereits wenige Tage später als Hochwasser bemerkbar.

Gibt es auch Sommerhochwasser?

Hochwasser im Sommer kommen seltener vor als Winterhochwasser. Sie entstehen durch eine Wetterlage, die Meteorologen schlicht „5b" nennen. Was so harmlos klingt, hat zu den schwersten Überschwemmungen der vergangenen Jahre geführt, nämlich der Oderflut 1997 und dem Elbehochwasser im Jahr 2002.

Wie entsteht ein Sommerhochwasser?

Atlantische Tiefdruckgebiete ziehen Richtung Mittelmeer und nehmen dort große Mengen warmen Wasserdampfs in sich auf. Die Luftmassen ziehen östlich oder westlich um die Alpen zurück nach Deutschland. Sobald diese Luftmassen mit ihren Wolken dort auf kühlere Luft treffen, fallen die Wassermassen aus dem Mittelmeer – und sintflutartige Regenfälle sind die Folge.

Wo entstehen Sturmfluten?

Küstenbewohner haben meist mit einer anderen Art von Überschwemmung zu kämpfen: mit Sturmfluten. Obwohl die Menschen durch den Bau von Deichen gelernt haben, sich gegen die Überflutungen zu schützen, sind sie gegen besonders hohe Wellengänge machtlos.

Wie kommt es in Norddeutschland zu Sturmfluten?

In Norddeutschland entstehen Sturmfluten durch Tiefdruckgebiete und starke Nordweststürme, die das Wasser in die Deutsche Bucht drücken.

Wie kam es zum Hochwasser der Elbe im Jahr 2002?

Durch eine Tiefdruckrinne fielen in Deutschland, Österreich, Tschechien, der Slowakei und in anderen Teilen Europas sintflutartige Regenfälle. Die Folge waren historische Pegelhöchststände, die Flüsse konnten die Wassermassen nicht aufnehmen, und Zerstörungen bisher nicht gekannten Ausmaßes an der Elbe und an der Donau, besonders bei Passau und Regensburg sowie in Österreich, waren die Folge.

Wie verliefen die Wasserbewegungen der Elbeflut?

Das Hochwasser stieg innerhalb von 72 Stunden um 2,50 Meter an. Am 17. August 2002 erreichte es seinen Höchststand von 9,40 Metern, dann begann die Elbe wieder zu sinken. Die Dammbrüche am Mittellauf der Elbe nahmen allerdings zu, da die aufgeweichten Deiche dem Druck nicht mehr länger standhalten konnten.

Wozu führten Deichbrüche und -sprengungen?

Die Deichbrüche und teilweise auch gezielten Deichsprengungen führten jedoch auch dazu, dass das Hochwasser schneller als bei vergleichbaren Überschwemmungen fiel, da es sich in Überflutungsbecken ausdehnen konnte.

Was waren die Folgen der Elbeflut?

Tausende Menschen in Tschechien und Deutschland wurden obdachlos. Allein im Freistaat Sachsen beliefen sich die Schäden an der Infrastruktur wie Straßen, Schienen und Bahnhöfen auf 6,5 Milliarden Euro.

August 2002. Tschechische Feuerwehrmänner evakuieren per Boot einen Einwohner einer überschwemmten Innenstadt. Die Hochwassersituation in Tschechien hatte sich zu diesem Zeitpunkt dramatisch zugespitzt.

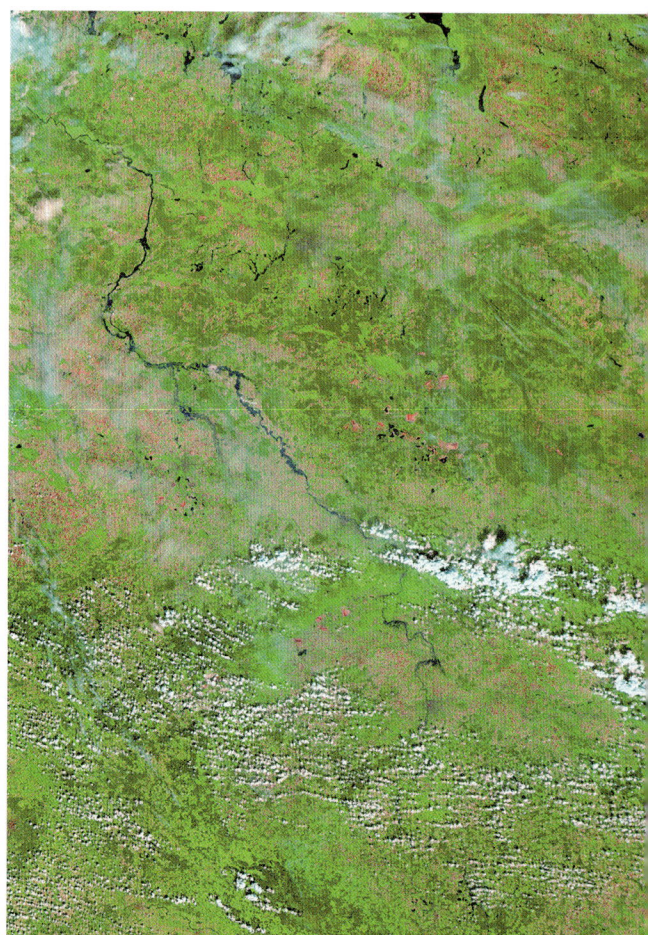

Auf dem Satellitenbild aus dem Jahr 2002 ist die Elbe samt Überschwemmungszonen deutlich zu sehen.

Blick auf die am 17. August 2002 überschwemmte Stadt Dresden. Überflutet ist der Theaterplatz vor der Semperoper, links Teile des Dresdener Zwingers, rechts die Elbe.

Wie leben die Menschen mit dem Wasser?

Viele Kleinbauern in Bangladesch, die nur winzige Felder bewirtschaften, leben auf den so genannten „Chars": kleinen Flussinseln, die sich jedes Jahr aus den Ablagerungen neu bilden. Die Chars sind bei Hochwasser am meisten gefährdet. Die Menschen leben dort nicht freiwillig – anderswo gibt es jedoch kein Land für ihre Kleinstfelder. Bangladesch zählt zu den ärmsten und am dichtesten bevölkerten Ländern der Erde. 1994 waren es noch 112 Millionen, im Jahr 2000 schon 130 Millionen Einwohner. Von diesen leben etwa 40 Millionen unterhalb der Armutsgrenze. Die Armut der Menschen und die Bevölkerungsdichte führen dazu, dass Hochwasser schnell katastrophale Folgen haben.

Kaum ein anderes Land der Erde wird so häufig von Überschwemmungskatastrophen heimgesucht wie Bangladesch. In den letzten 40 Jahren wurden mindestens 30 Hochwasser großen Ausmaßes gezählt. Nur wenige Gebiete liegen höher als 50 Meter über dem Meeresspiegel. Drei große Flüsse aus dem Himalaja fließen durch das südlich angrenzende Bangladesch: Ganges, Brahmaputra und Meghna.

Die Flüsse bewässern das Land und sorgen durch die Hochwasser für eine Düngung der Felder mit wertvollen Sedimenten – die Überschwemmungen sind gleichzeitig Fluch und Segen für das Land.

Damals kamen mehr als 300 000 Menschen in den Fluten um; mindesten sieben Millionen Menschen mussten ihre Häuser und Heimat zumindest zeitweilig verlassen.

Weshalb zählt Bangladesch zu den hochwassergefährdetsten Ländern der Welt?

Wo liegen Fluch und Segen dicht beieinander?

Welche Folgen hatte die Überschwemmung im Jahr 1991?

Was geschah 1993 am Mississippi?

Im Frühjahr 1993 führten Rekordniederschläge dazu, dass Mississippi und Missouri sowie viele ihrer Zuflüsse über die Ufer traten. Die Überschwemmungen fluteten Gebiete, die noch vom Regen des Vorjahrs einen hohen Grundwasserspiegel hatten. Dämme und Deiche waren diesen Massen nicht gewachsen und brachen. Das Wasser überschwemmte 80 000 Quadratkilometer Land, tötete 48 Menschen und verursachte Schäden im Wert von 15 Milliarden Dollar.

Wodurch entstehen die hohen Sachschäden bei Überschwemmungen?

Je dichter mögliche Überschwemmungsgebiete bebaut werden, desto größer sind die Sachschäden, wenn die Flüsse über die Ufer treten: Wohngebiete, Gewerbe- und Industrieanlagen, Straßen, Brücken – alles muss nach Abfließen der Wassermassen getrocknet, renoviert oder wiederaufgebaut werden.

Wo sind die Sachschäden am höchsten?

Hohe Sachschäden entstehen daher meist in den industrialisierten Ländern. Verglichen mit Entwicklungsländern kommen hier relativ wenig Menschen bei Überschwemmungen ums Leben, da Schutz- und Evakuierungsmaßnahmen besser funktionieren.

Der Dithmarschen-Deich, Büsum, Schleswig-Holstein.

In Nordfriesland ist man es seit jeher gewohnt, gegen die Sturmfluten der Nordsee anzukämpfen. Die verheerendste Überschwemmung ereignete sich im Jahr 1362 und führte zu einer Veränderung der Küstenlandschaft, die heute noch sichtbar ist – zur Entstehung der so genannten Halligen. Sie sind Reste des damals zerstörten Küstenstreifens und liegen als Inselgruppe im Wattenmeer vor der Westküste Schleswig-Holsteins.

Wie entstanden die Halligen in Nordfriesland?

30 Dörfer versanken im Jahr 1362, darunter auch die Stadt Rungholt, deren Verschwinden mit der sagenumwobenen Insel Atlantis verglichen wird.

Wie viele Dörfer versanken im Jahr 1362?

Der Bau von Deichen zählt zu den Schutzmaßnahmen, die bereits seit Jahrhunderten durchgeführt werden. Heute baut man groß angelegte Deichlinien von vielen hundert Kilometern Länge („Goldener Ring"), die die gesamte Nordseeküste umschließen.

Welche Küstenschutzmaßnahmen gibt es?

Hinzu kommen Sperrwerke und Schutzdünen, die vor allem durch ihre Breite den aufprallenden Wellen Widerstand leisten. Auch schüttet man die Strände immer wieder mit Sand auf, um die Abtragung durch Wasser zu mindern.

Wie wirken Sperrwerke und Schutzdünen?

Inwieweit Städte vor Überschwemmungen geschützt werden können, veranschaulicht diese Landsat-Aufnahme von New Orleans. Überflutungsbecken und Deiche schützen die Stadt vor dem Mississippi.

Hallig Oland vor der Nordseeküste. Die verheerendste Überschwemmung im Jahr 1362 führte zu einer Veränderung der Küstenlandschaft und zur Entstehung der Halligen.

Welche Folgen haben Flussdeiche am Huang He?

Der Huang He, der „Gelbe Fluss", ist mit einer Gesamtlänge von 4845 Kilometer der zweitgrößte Fluss Chinas. Er führt große Mengen an fruchtbarem Schlamm mit sich. Schon vor Jahrhunderten begann man, die Flussufer des Huang He mit Dämmen zu befestigen. Erreicht wurde mit diesen Maßnahmen genau das Gegenteil.

Warum liegt der Huang He höher als die Umgebung?

Der Flussschlamm konnte sich nicht mehr in den Ebenen verteilen, sondern schüttete das Flussbett immer höher auf. Auch die Dämme mussten daher immer weiter wachsen.

Wie hoch sind die Dämme am Unterlauf des Huang He?

Heute liegt der Huang He in vielen Abschnitten seines Unterlaufs bis zu 21 Metern über der umgebenden Ebene. Brechen Dämme, setzt der Fluss Tausende Quadratkilometer Land unter Wasser.

Wie kann der Fluss überschwemmen und zugleich austrocknen?

Kurz vor der Einmündung in die Bohai-See ist der Huang He nur noch etwa einen halben Meter tief. Neben sinkenden Niederschlägen ist vor allem die unkontrollierte und verschwenderische Wasserentnahme der Industrien der chinesischen Megastädte Ursache dafür, dass der Wasserpegel sinkt. Das eingedämmte Wasser entwickelt bei Deichbrüchen jedoch immer noch ganz beträchtliche Zerstörungskraft.

Ansicht von Venedig aus dem All. Die Umweltbelastungen durch die vielen Touristen sind längst weitaus höher, als die Stadt ertragen kann. Bleibt zu hoffen, dass diese wunderbare Stadt nicht einmal im Meer versinken wird.

Gewaltige Wassermassen strömen aus dem Xiaolangdi-Staudamm in der chinesischen Provinz Henang. Jede Sekunde donnern dabei rund 3000 Kubikmeter Wasser durch die Schleusen. Der große „Spülgang" soll Sand und Lehm aus dem Mittel- und Oberlauf des Gelben Flusses ins Meer waschen. Mit diesem Staudamm versucht China, das Wasserniveau entlang dem Fluss das ganze Jahr über gleich hoch zu halten.

Die Inseln im Westpazifik wie Kiribati, Tuvalu und Tokelau sind bedroht, denn das Meer frisst sich immer weiter in die Küsten hinein. Grund ist das Ansteigen des Meeresspiegels, das in den vergangenen Jahren Besorgnis erregende Ausmaße angenommen hat. Studien zufolge steigt er im Pazifik um fast einen Zentimeter jährlich. Mit dem Bau von Dämmen versucht man, die schleichende Erosion der Inseln zu stoppen. Eine weitere Gefahr ist die Versalzung des Grundwassers.

Warum sind Südsee-Inseln in Gefahr?

Wissenschaftler gehen heute davon aus, dass der Meerwasserspiegel der Welt weiter ansteigen wird. In den vergangenen 150 Jahren stieg er bereits, je nach Region, zwischen zehn und 25 Zentimetern. Man vermutet, dass sich dieser Vorgang durch die Erwärmung des Erdklimas beschleunigen wird.

Wird der Meeresspiegel weiter ansteigen?

Die Sicherung ihrer Küsten wird für viele Länder daher in den nächsten Jahren ein vordringliches Problem werden. Doch Maßnahmen zum Überschwemmungsschutz sind teuer. So werden vor allem Entwicklungsländer kaum die finanziellen Mittel für den Bau und die Wartung von Deichen aufbringen können.

Können sich alle Länder Schutz vor Überschwemmungen leisten?

Landgewinnung aus dem Meer wird an der deutschen Nordseeküste seit langem praktiziert. Durch Aufschüttungen an einem Küstenstreifen wird der Boden erhöht oder eingedeicht. Schlick und Sand lagern sich mit der Zeit ab. Bereits nach einigen Jahren können Pflanzen (Queller) angebaut werden, die den neuen Boden festigen.

Wie kann man aus Meer Land gewinnen?

Aus Umweltschutzgründen ist diese Methode heute sehr umstritten, da sie das Wattenmeer schädigt. Sie wird jedoch in Ländern mit großem Raummangel wie Japan angewendet, um Bauland zu gewinnen.

Warum ist der Landgewinn umstritten?

Welche Folgen für die Böden haben Hochwasser?

Fließen die Wassermassen nach dem Hochwasser ab, tragen sie oft fruchtbare Bodenkrume mit sich und lagern sie weiter flussabwärts ab. Im Hochwassergebiet können dadurch Ackerflächen und Lebensräume von Tieren und Pflanzen gestört werden, bis hin zur Zerstörung von Fischlaichgründen. Je nach Ökosystem können die Sedimentablagerungen stromabwärts als Dünger wirken (wie etwa in Bangladesch) oder aber zur Verlandung von Flüssen führen.

Wie gelangen Schadstoffe auf Wiesen und Felder?

Beim Elbehochwasser 2002 wurden Industrieflächen überflutet, die mit Schwermetallen und anderen Schadstoffen belastet waren. Diese setzten sich zusammen mit dem Elbeschlamm auf Wiesen und Feldern ab. Man fand dort Quecksilberkonzentrationen, die den gesetzlichen Grenzwert 60-fach überschritten.

Was sind die Folgen von Hochwasser für die betroffenen Menschen?

Für Familien sind die finanziellen Verluste besonders schmerzhaft, da in Deutschland in der Regel keine Versicherung für den Schaden an Haus und Hof aufkommt. In Entwicklungsländern geht es dagegen meist ums nackte Überleben: Häuser mitsamt Haushaltsgegenständen werden komplett weggespült, da sie nur in Leichtbauweise erstellt sind. Boote und Hubschrauber der Rettungsdienste gibt es oft gar nicht, sodass nur die Flucht auf die nächste Anhöhe oder einen Baum bleibt.

Gibt es noch andere Risiken?

Das Risiko von Epidemien durch überlaufende Klärgruben und verseuchtes Trinkwasser ist in armen Entwicklungsländern besonders groß.

Welche Schäden treffen die Infrastruktur?

Die Sachschäden von Überschwemmungen sind besonders groß, wenn sie sich in dicht besiedelten und industriell genutzten Gegenden ereignen. Der Wiederaufbau von Straßen, Brücken, Stromnetzen und öffentlichen Gebäuden wie Schulen und Krankenhäusern ist teuer.

Der Deich trennt zwei Welten: Land und Meer. Er schützt die Küstenbewohner vor Flut.

Mithilfe des Hoover-Staudamms, USA, gelingt es, die ganze Stadt Los Angeles mit Trinkwasser zu versorgen.

Die Flusslandschaft entlang der mittleren Elbe wurde 1999 von der UNESCO zum Biosphärenreservat bestimmt. Ihre einzigartige Pflanzen- und Tiervielfalt konnte sie nur bewahren, da sie im Grenzgebiet beider deutscher Staaten lag und daher wirtschaftlich nicht genutzt wurde. Fünf Bundesländer haben sich zusammengeschlossen, um auf einer Flusslänge von 400 Kilometern die Auenlandschaft von insgesamt 3800 Quadratkilometern zu schützen.

Deutschland ist dicht besiedelt und mit Häusern, Straßen und Plätzen bebaut. Regenwasser kann oft nicht mehr auf natürlichem Wege in den Boden versickern, wo es zunächst gespeichert und zurückgehalten wird, bevor es in Bäche und Flüsse rinnt. Statt dessen fließt das Regenwasser in bebauten Gebieten durch Rohre in die Kanalisation; von dort wird das Wasser nahezu ungebremst in die Flüsse geleitet. Flüsse und Bäche müssen plötzlich Riesenmengen von Wasser abtransportieren – das Wasser staut sich und fließt über die Ufer oder Kanalisation.

Warum ist „Bodenversiegelung" eine Ursache von Hochwasser?

Um die Bodenversiegelung zu reduzieren, verwendet man heute zunehmend Pflasterflächen, die im Gegensatz zu Asphaltdecken Wasser in den Boden einsickern lassen.

Wie reduziert man Bodenversiegelung?

Gesunder Waldboden fasst pro Kubikmeter bis zu 250 Liter Wasser. Aus diesem Grund unternimmt man heute vermehrt Anstrengungen, in den Einzugsgebieten und Fluss-Oberläufen Wälder großflächig wiederaufzuforsten. Dadurch wird die Speicherfähigkeit des Bodens erhöht; gleichzeitig sind Bäume der beste Schutz gegen Erosion, Erdrutsche und Lawinen, die oft infolge von Überschwemmungen auftreten.

Kann man durch Wiederaufforstung Hochwasser verhindern?

Vor dem Deich wechseln Ebbe und Flut.
Auf dem Deich haben die „Rasenmäher",
die Schafe, ihr Revier.

Flüsse wurden in den vergangenen Jahrhunderten vor allem begradigt und kanalisiert, um die Schifffahrt zu erleichtern.

Warum wurden Flüsse begradigt?

In geraden Flussbetten breiten sich Flutwellen schneller aus als in Flüssen mit natürlichen, kurvenreichen Verläufen, den so genannten Mäandern. Dazu kommt die Verbauung von Bachläufen und die Trockenlegung natürlicher Überschwemmungsgebiete. Die Folge: Erreichen große Wassermassen die Flüsse, schießen sie ungebremst flussabwärts.

Was sind die Folgen von Flussbegradigungen?

Was versteht man unter Polder?

Als Polder bezeichnet man in Küstengebieten eingedeichtes Marschland. In den Niederlanden und in Flandern gibt es ganze Polderlandschaften. An Flüssen versteht man darunter ehemalige Feuchtgebiete, die landwirtschaftlich genutzt werden.

Wie lässt sich Hochwasser regulieren?

Um die Pegelstände der Flüsse bei Hochwasser möglichst niedrig zu halten, richtet man entlang der Flussläufe Überflutungsflächen und Rückhaltebecken ein.

Was bedeutet Renaturierung?

Man nennt diesen Rückbau der Flusslandschaften Renaturierung, das heißt, Flächen werden in ihren natürlichen Zustand zurückversetzt.

Was sind natürliche Wasserspeicher?

Meist handelt es sich dabei um ehemalige Auen, die trockengelegt wurden und die man durch Kanäle wieder mit dem Fluss verbindet. Zu diesem Zweck werden auch Flussdeiche zurückverlegt.

Wo gibt es noch Auenwälder?

Selten findet man heute noch Auenwälder an Flussufern, so zum Beispiel in Deutschland am Rhein und an der Elbe. Sie gehören zu den seltensten Waldgesellschaften Mitteleuropas und werden daher besonders geschützt.

Nur noch das Lokalschild „Bayerisch Venedig" ragt am 13. August 2002 in Passau aus der Donau. Die Stadt erlitt damals die erste Hochwasserkatastrophe seit 48 Jahren.

Wegen der Begradigung des Rheins zur Erleichterung der Schifffahrt sind auch ganze Stadtteile Kölns immer wieder überschwemmt worden.

Viele ehemalige Flussauen wurden seit ihrer Trockenlegung als landwirtschaftliche Flächen genutzt. Im Lauf der Zeit bildete sich dort eine neue Pflanzen- und Tierwelt. Werden diese Flächen als Überflutungsbecken genutzt, verlieren Bauern ihre Felder und Tiere und Pflanzen ihren Lebensraum.

Was sind die Nachteile künstlicher Überflutungsflächen?

Die sicherste Weg, Überschwemmungskatastrophen zu verhindern, ist es, bedrohte Gebiete zu meiden sowie Wohn- und Gewerbegebiete nicht in Risikozonen zu bauen. Was einfach klingt, hat allerdings weit reichende Folgen für die Siedlungsplanung von Gemeinden und Regionen.

Warum sollen Hochwassergebiete nicht mehr bebaut werden?

Vor allem in Entwicklungsländern sind Menschen durch Armut und hohe Bevölkerungsdichte oft regelrecht gezwungen, in der Nähe von Flussläufen oder Küsten ihre notdürftigen Unterkünfte aufzuschlagen.

Wo kann dies kaum gelingen?

Frühwarnsysteme und Warnzentralen werden in Mitteleuropa immer wichtiger. Mit Hilfe moderner Radar- und Satellitentechnik sollen Beobachtungs- und Warnberichte in kürzester Zeit an Organisationen des Katastrophenschutzes und an die Medien gelangen.

Welche Rolle spielen Frühwarnsysteme?

Selten findet man heute noch wie hier naturbelassene Landschaften, die bei Hochwasser als Wasserspeicher dienen.

ERDBEBEN

Nichts ist so fest wie der Boden unter den Füßen? Weit gefehlt! Bei ihrer Entstehung vor etwa 4,6 Milliarden Jahren war die Erde eine rot glühende Feuerkugel, die im Lauf der Jahrmillionen immer mehr abkühlte. Auch heute noch ist die Erde größtenteils eine zähflüssige, heiße Masse aus geschmolzenem Gestein, dem „Magma". Nur auf der Erdkruste ist die Erde so fest und erkaltet, dass Kontinente und Meere entstehen konnten. Nachrichten über Erdbeben erinnern uns immer wieder daran, dass sich die Erde ständig verändert und ihre Geschichte noch lange nicht abgeschlossen ist.

Was hat die Erde mit einem Apfel gemeinsam?

Könnte man die Erde wie einen Apfel aufschneiden, würde man einzelne Schichten erkennen, die durch schmale Zonen (Diskontinuitäten) voneinander getrennt sind. Die äußerste Schicht ist die Erdkruste. Sie ist beim Festland bis zu 60 Kilometer dick, am Meeresboden jedoch zum Teil nur bis zu fünf Kilometer – und entspricht im Vergleich der Dicke einer Apfelschale.

Was liegt unter der Erdkruste?

Unter der Erdkruste liegt der Erdmantel, der sich aus einer überwiegend zähflüssigen Masse, dem Magma, zusammensetzt. Im Innern der Erde befindet sich der Erdkern mit unvorstellbar hohen Temperaturen bis zu 5000 °C.

Was sind tektonische Platten?

Die Erdkruste ist keine starre Hülle, sondern besteht aus etwa sieben großen und über 20 kleinen Platten. Diese so genannten tektonischen Platten oder Lithosphären-Platten sind jeweils bis zu mehreren hundert oder tausend Kilometern breit und passen fast wie die Teile eines Puzzles ineinander.

Worauf schwimmen die Erdplatten?

Die Platten schwimmen auf dem halbflüssigen Erdmantel, der Asthenosphäre, und werden durch die Ströme zähflüssigen Gesteins im Erdinnern bewegt. Sie sind nicht deckungsgleich mit der Form der Kontinente.

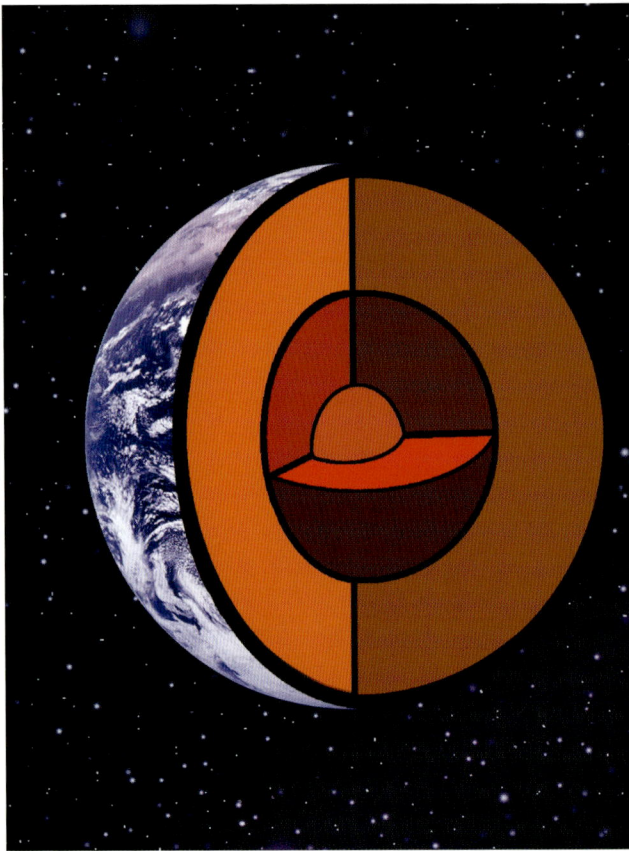

Schnittmodell der Erde.
Die äußerste Schicht ist die Erdkruste, unter ihr liegt der Erdmantel mit dem Magma. Im Innern der Erde befindet sich der Erdkern mit Temperaturen von 5000 °C.

Zu den größten Kontinentalplatten zählen die Nordamerikanische, Eurasische, Afrikanische, Nazca-, Südamerikanische, Pazifische sowie die Indisch-Australische Platte.

Wie heißen die größten Kontinentalplatten?

Wie Eisschollen „treiben" die tektonischen Platten mit Geschwindigkeiten von etwa einem Zentimeter pro Jahr auf dem Erdmantel dahin. Ist die Kruste einer Platte dünn, wird sie mit Wasser überschwemmt – Meer entsteht. Ist die Kruste dick, so ragt sie aus dem Wasser hervor; es bilden sich Land und Kontinente. Bewegen sich die Platten, „wandern" die Kontinente.

Warum können Kontinente wandern?

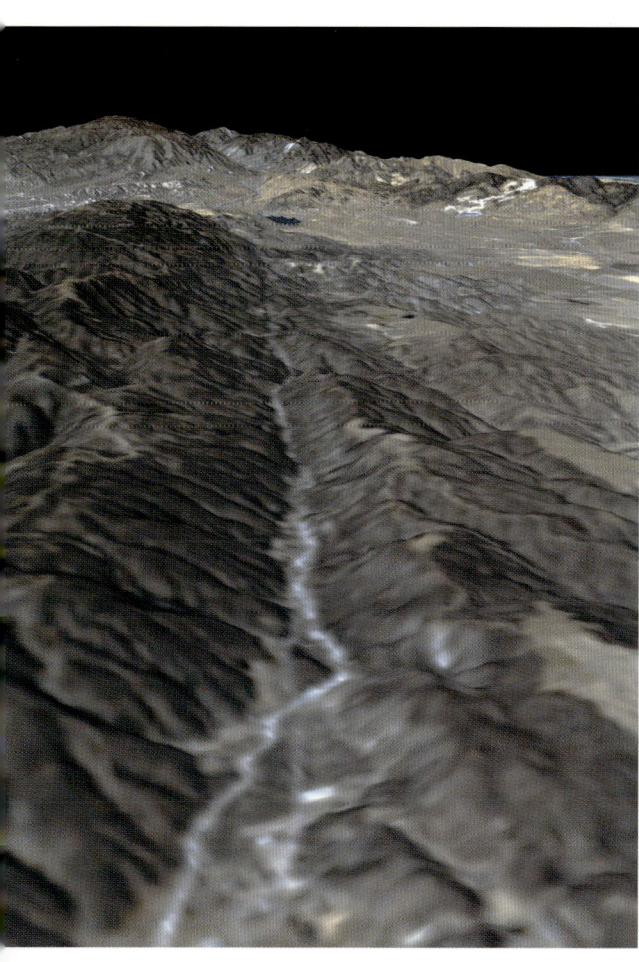

Radarbild der San-Andreas-Verwerfungen in Kalifornien. Wo der weiße Streifen zu sehen ist, stoßen die tektonischen Platten aufeinander.

Der Atlantik, der an der breitesten Stelle etwa 7000 Kilometer misst, dehnt sich jährlich um zwei Zentimeter aus. An den Stellen, an denen die Europäische und Nordamerikanische Platte auseinander driften, entstehen Spalten im Meeresboden, und Magma steigt auf. Auf diese Weise entsteht fortlaufend neuer Boden, der sich im Lauf der Jahrtausende zu hohen Unterwasser-Gebirgen auftürmt: den Mittelozeanischen Rücken.

Wieso wächst der Atlantik?

Zwischen dem mittelozeanischen Rücken verläuft ein tiefer Graben, das Rift, aus dem Magma quillt. Die Rifts sind Zonen erhöhter vulkanischer und seismischer (Erdbeben-) Aktivitäten.

Was ist das Rift?

Der deutsche Forscher Alfred Wegener behauptete 1912, dass sich alle heutigen Kontinente aus einer einzigen Landmasse gebildet hätten. Seine These lautete, dass sich alte Pflanzenfossilien wie zum Beispiel bestimmte Farne zwar auf weit entfernt liegenden Kontinenten befänden, ursprünglich aber nur von einem einzigen Super-Kontinent stammen könnten. Damals wurde Wegener nicht ernst genommen, heute teilen Wissenschaftler jedoch seine Ansicht.

Wer „entdeckte" die Kontinentalverschiebung?

Warum bebt die Erde?

Die meisten Erdbeben ereignen sich an den Rändern der großen tektonischen Platten. Verschieben sich zwei Platten, dann reiben ihre Kanten gegeneinander oder verhaken sich sogar für eine gewisse Zeit. Wird die dadurch entstandene Spannung zu groß, geben die Platten mit einem plötzlichen Ruck nach – die Erde bebt.

Was geschieht bei einem Erdbeben?

Wie bei einem Stein, der ins Wasser geworfen wird, breitet sich dieser Ruck, der sich im so genannten Erdbebenherd ereignet, in Druckwellen nach allen Seiten hin aus. Die Erde bebt zunächst unmittelbar über dem Herd, im Epizentrum. Die Stärke des Bebens hängt davon ab, wie tief der Erdbebenherd liegt und welches Gestein im Untergrund vorkommt.

Wo entstehen Erdbeben?

Die meisten Erdbeben entstehen in einer Tiefe von weniger als 20 Kilometern. Erreichen die Erschütterungswellen die Oberfläche, können sie große Beschädigungen an Gebäuden, Straßen, Eisenbahnen und Brücken anrichten.

Wie häufig sind Erdbeben?

Alle 30 Sekunden bebt die Erde leicht. Weltweit werden pro Jahr über eine Million Erdbeben gemessen, die allerdings kaum spürbar sind. Etwa 15 Erdbeben jährlich richten große Schäden an.

Der italienische König Victor Emanuel III. besucht im Jahr 1905 die Erdbebenopfer von Kalabrien.

Der Rathausturm von Basel, erbaut nach einem großen Erdbeben im 14. Jahrhundert. Da der Oberrheingraben besonders erdbebengefährdet ist, muss das bei der Statik von Bauwerken berücksichtigt werden.

Verwüstung durch ein Erdbeben in Tokio im Jahr 1923.

Welche Auswirkungen haben Meeresbeben?

Bebt der Meeresboden oder bricht ein Vulkan am Meeresgrund aus, so entstehen riesige Flutwellen – ein Tsunami (japanisch: Hafenwelle). Zwei benachbarte Wellenberge können Hunderte von Kilometern auseinander liegen, sodass sie in Schiffen auf dem Meer gar nicht bemerkt werden. Der Tsunami kann sich mit der Geschwindigkeit eines Passagierflugzeugs bis zu 800 Stundenkilometern schnell ausbreiten. Nähern sich die Wellen der Küste, schaukeln sie sich immer höher auf und stürzen plötzlich wie eine Wassermauer auf das Festland. Die höchste Flutwelle, die in Japan je gemessen wurde, war 100 Meter hoch. Ein Tsunami zerstört Städte und überschwemmt ganze Landschaften.

Erdbeben kommen besonders häufig an den Rändern der Kontinentalplatten der Pazifikregion, Süd- und Nordamerikas und in Südeuropa und Südasien vor. Die aktivste Erdbebenzone verläuft um den Pazifik – dort ereignen sich etwa 90 Prozent aller weltweit gemessenen Erdbeben.

Die häufigsten Erdbeben in Europa gibt es in Italien, Griechenland und der Türkei. Die Afrikanische Platte stößt hier gegen die Eurasische Platte, auf der Europa und große Teile Asiens liegen.

In Deutschland gibt es Erdbebengebiete, die nicht durch Plattenverschiebungen entstehen, sondern durch tief liegende Störungszentren. Die bekanntesten sind der Rheingraben, das Zollerngebiet in Baden-Württemberg und der Schweizer Jura.

Wo ereignen sich die meisten Erdbeben?

Sind Erdbeben auch in Europa möglich?

Gibt es in Deutschland Erdbebengebiete?

Kann man Erdbeben vorhersagen?

Weltweit kommen bei Erdbeben etwa 10 000 Menschen jährlich ums Leben. Obwohl Wissenschaftler (Seismologen) mithilfe hochempfindlicher Messgeräte die Erdbebengebiete der Welt beobachten, gibt es bis heute keine zuverlässige Methode, drohende Beben vorauszusagen.

Spüren Tiere ein drohendes Erdbeben?

Seit Jahrhunderten gibt es Berichte, dass sich Tiere vor Erdbeben ungewöhnlich verhalten. In der chinesischen Stadt Haicheng evakuierte man alle 90 000 Stadtbewohner, nachdem sich Berichte über das ungewöhnliche Verhalten von Tieren häuften. Zwei Tage später zerstörte ein Erdbeben 90 Prozent der Stadt. Wissenschaftler haben noch keine Erklärung für dieses Verhalten gefunden.

Was ist ein Seismograph?

Mit einem Seismographen (griechisch: „seismós", Erschütterung; „grápho", schreiben) ist es möglich, die bei einem Erdbeben entstehenden Wellen aufzuzeichnen. Ein schweres Gewicht wird an einer Metallfeder aufgehängt. Erschüttern Schwingungen den Boden, zeichnet ein am Gewicht befestigter Stift die Bewegungen auf. Heute benutzt man digitale Seismometer, die am Computer ausgewertet werden können.

Horizontalseismograph nach Wiechert in Japan.

Im Jahr 1935 führte der kalifornische Seismologe Charles Francis Richter die so genannte Erdbeben-Magnitude (lateinisch: „magnitudo", Größe) ein. Damit hatte er ein Verfahren entwickelt, die Stärke eines Erdbebens einheitlich zu messen. Erdbebenwellen werden mithilfe eines Seismographen aufgezeichnet und ihre frei werdende Energie auf einer Skala zwischen eins und neun angezeigt. Die jeweils nächsthöhere Stufe der Skala entspricht einer zehnmal größeren Erdbebenstärke. Ein Beben der Stufe 4 ist also zehnmal so stark wie ein Beben der Stufe 3 und 100-mal so stark wie eines der Stufe 2.

Was ist die Richter-Skala?

Das stärkste bisher aufgezeichnete Erdbeben fand 1960 in Chile statt. Es hatte die Stärke 8,9 auf der Richter-Skala.

Welches war das stärkste Erdbeben?

Die Richter-Skala misst zwar die Stärke von Erdbeben, sagt aber nur wenig über das Maß der Schäden aus. Um den Grad der Zerstörung bestimmen zu können, verwenden Wissenschaftler daher die so genannte erweiterte Mercalli-Skala.

Was ist die Mercalli-Skala?

Bei Stärke III auf der Mercalli-Skala schwingen Lampen, Stärke XII bedeutet totale Zerstörung.

Was bedeutet totale Zerstörung?

Schwere Zerstörungen durch ein Erdbeben im Januar 1995 in Kobe, Japan.

Straßenschäden nach einem Erdbeben.

Was passiert, wenn Häuser erbeben?

Die Erde bebt, rollt und schwankt: Ganze Städte können innerhalb von wenigen Sekunden in Trümmern versinken. Besonders betroffen sind Menschen, die im Schlaf überrascht werden.

Welche Bauten überstehen Erdbeben besser?

Je nach Bauweise sind die Häuser unterschiedlich stabil: Ziegel- und Lehmhäuser brechen schneller ein als moderne Häuser mit Stahlgerüst. Manchmal übersteht die Außenhaut eines Hauses das Beben recht gut, während das Innere schwer beschädigt wird.

Sind Hochhäuser erdbebensicher?

Das Rathaus in Tokio ist 243 Meter hoch und schwankt permanent hin und her. Elastische Fundamente und ausgeklügelte Stahlkonstruktionen bewirken, dass das Gebäude bei einem Beben oder einem Taifun mitschwingt, aber nicht zusammenstürzt.

Was sind Nachbeben?

Auf das Hauptbeben eines Erdbebens folgen stets mehrere kleine Nachbeben. Sie werden durch das Gestein verursacht, das auf beiden Seiten einer Verwerfung neue Positionen einnimmt. Auch Nachbeben können große Schäden anrichten.

Als erdbebensicheres Hochhaus entworfen: die Trans Americana Pyramide in San Francisco.

Dieses Auto wurde während des Erdbebens 1989 in Los Angeles begraben.

Oft entstehen Brände durch Stromkabel, die während des Erdbebens gerissen sind. In Städten besteht Brandgefahr durch berstende Gas- und Ölleitungen. Sind auch noch Wasserleitungen zerstört, können die Feuerwehrleute die Brände nicht löschen. So dauert es manchmal Tage, bis alle Brände nach einem Erdbeben wieder unter Kontrolle sind. In armen Ländern, in denen es weder Strom- noch Gasleitungen gibt, breiten sich durch offene Herd- und Kochfeuer in den Häusern Brände oft unkontrollierbar aus.

Warum brennt es meistens nach Erdbeben?

Es gibt immer wieder Fälle, in denen Menschen mehr als eine Woche unter den Schuttbergen überlebten. Möglich ist dies aber nur, wenn sie sich in einem Hohlraum mit genügend Luft befinden. Bei der Suche nach Überlebenden sind Rettungshunde wegen ihrer feinen Sinnesorgane die wichtigsten Helfer. Hochempfindliche Geräte wie Personendetektoren können eingeschlossene Menschen ebenfalls ausfindig machen – sie erkennen sogar den menschlichen Herzschlag.

Wie lange können Menschen unter den Trümmern überleben?

Die Helfer müssen bei den Rettungsarbeiten extrem vorsichtig sein. Lockere Schuttmassen können einstürzen und sie selbst und die Verschütteten weiter gefährden. In Handarbeit müssen deshalb Balken und Steine Stück für Stück vorsichtig abgetragen werden.

Wieso dauert die Bergung von Erdbebenopfern oft so lange?

In vielen Erdbebenregionen haben sich die Menschen schon auf die Gefahren eingestellt. Häuser werden auf erdbebensicheren Betonfundamenten gebaut, Erdgasleitungen biegen sich, ohne zu brechen. In vielen Ländern, die in einer Erdbebenzone liegen, haben die Menschen jedoch kein Geld für den Kauf von teuren Baumaterialien. Deshalb sind weltweit arme Menschen von den Zerstörungen durch Erdbeben häufig am meisten betroffen.

Warum richten Erdbeben in armen Ländern meist größere Zerstörungen an als in reichen Ländern?

F E U E R B E R G E

Vulkane zeigen uns wie kaum eine andere Naturerscheinung auf spektakuläre Weise, welch ungeheure Kräfte auch heute noch im Erdinnern wirken. Sie können durch ihre explosive Kraft sprichwörtlich Berge versetzen, neues Land erschaffen – oder aber unter sich begraben und ganze Landschaften verwüsten. Schon in der römischen Antike verehrte man Vulcanus als Gott des Feuers, aber auch als kunstfertigen Schmied, der aus Feuer Neues erschuf. Auch dem Menschen gelingt es, sich die Begleiterscheinungen des Vulkanismus wie Erdwärme und heiße Quellen nutzbar zu machen.

Was ist ein Vulkan?

Vulkane sind Schlote oder Risse in der Erdkruste, durch die geschmolzenes Gestein (Magma) und Gase an die Erdoberfläche treten können. An ihren Aktivitäten ist gut zu erkennen, dass die Erde seit ihrer Entstehung von rund fünf Milliarden Jahren noch nicht zur Ruhe gekommen ist.

Wie funktioniert ein Vulkan?

Ein Vulkan funktioniert im Prinzip wie eine Espressomaschine: Im Innern baut sich durch Gase und Magma ein Druck auf. Wird er zu groß, entweichen Dämpfe und Lava durch das Ventil. Ist der Schlot verstopft, kann es zu einer Explosion kommen, bei der die Kuppe des Vulkans in die Luft gesprengt wird. Diese explosionsartigen Ausbrüche richten die größten Zerstörungen an.

Wie viele Vulkane gibt es weltweit?

Weltweit gibt es etwa 1500 Vulkane, die an Land als auch auf dem Meeresboden vorkommen. In den Ozeanen, die zwei Drittel der Erde bedecken, gibt es enorme unterseeische Vulkanrücken, die mehrere tausend Kilometer lang sein können, die so genannten Mittelozeanischen Rücken.

Was ist einzigartig an Island?

Island ist der einzige Ort der Erde, an dem der Mittelatlantische Rücken an die Erdoberfläche aufsteigt. Er bildet eine kluftartige Spalte, die mit Gestein und Geröll gefüllt ist.

Die Grafik veranschaulicht den Vulkanausbruch von Santorin. Die griechische Kykladeninsel ist aus den Resten eines Vulkans entstanden. Das antike Thera wurde um 1470 v. Chr. von einem furchtbaren Vulkanausbruch zerstört.

Kratersee, Maar, in der Eifel. Ein Maar, meist kreisförmig, ist eine durch Vulkantätigkeit entstandene kraterförmige mit Wasser gefüllte Senke, häufig von einem Wall aus vulkanischen Auswurfstoffen umgeben.

Die ganze Erde ist von auseinander driftenden Krustenplatten umspannt und solchen, die sich aufeinander zu bewegen. Wirft man einen Blick auf eine Weltkarte, kann man erkennen, dass sich die meisten Vulkane an solchen Plattengrenzen befinden. Auch Erdbeben kommen dort häufig vor, wenn zwei Platten gegeneinander stoßen.

Gibt es überall Vulkane?

Die Gesteinsmassen im Erdmantel schmelzen durch die dort herrschenden hohen Temperaturen. Die leichtesten Bestandteile des geschmolzenen Gesteins steigen als riesige Blasen nach oben auf. Diese zwischen 900 °C und 1500 °C heißen zähflüssigen Massen nennt man Magma (griechisch: „mágma", geknetete Masse). Meist sammelt sich das Magma in Höhlen unter dem Vulkan, den so genannten Magmakammern. Steigt der Druck in den Kammern oder entstehen Risse in der Erdkruste, dringt das Magma als Lava an die Erdoberfläche, Lava ist bis zu 1300 °C heiß.

Wie wird das Magma zu Lava?

Vulkane gibt es in allen Formen und Größen, die von der Zusammensetzung der Lava und von der Häufigkeit und Stärke der Ausbrüche abhängen. Vom sanftesten bis zum explosivsten Vulkanismus unterscheidet man verschiedene Typen: Beim Typ Hawaii fließt dünnflüssige Lava ohne Explosion über weite Strecken. Der Vulkan erhält dadurch eher eine schildähnliche Form, man spricht von einem Schildvulkan. Beim Typ Stromboli (Kegelvulkan) finden regelmäßige, aber nur leichte Explosionen von Lava statt. Sie bilden Schlacken und dicke Brocken, Lavabomben genannt.

Welche Typen von Vulkanismus unterscheidet man?

Der Typ Vesuv ist sehr explosiv, da ein hoher Anteil von Wasser im Magma enthalten ist, das den Ausbruch verstärkt. Eruptionen von Vulkanen des Typs Pelée sind oft am gefährlichsten, da sie explosionsartig heiße Gas- und Aschewolken in die Luft schleudern.

Welche Vulkantypen sind am gefährlichsten?

Was ist ein Kratersee?

Kraterseen entstehen, wenn der Schlot eines untätigen oder erloschenen Vulkans mit einem Lavapfropfen verschlossen ist. Der Vulkan Keli Mutu auf der indonesischen Insel Flores ist dafür berühmt, dass alle drei seiner Kraterseen andersfarbig sind: grün, hellgrün und sogar rot.

Wie entstehen „Feuerringe" und Inselbögen?

Vulkane können auf unterschiedliche Weise entstehen. Sind Vulkaninseln wie Perlen auf einer Schnur aufgereiht, spricht man von Inselbögen. Sie entstehen, wenn sich zwei ozeanische Krusten übereinander schieben und dabei die untere Platte nach unten gedrückt wird. Diesen Vorgang nennt man „Subduktion". Das abgetauchte Gestein schmilzt und steigt als zähflüssiges Magma wieder nach oben. Erreicht es die Erdoberfläche, in diesem Fall den Meeresboden, bricht es in einem Vulkan aus. Auf diese Weise ist rund um den Pazifik der so genannte Feuerring entstanden. Er beginnt auf Neuseeland und erstreckt sich durch die Südsee, Indonesien und die Philippinen bis nach Japan. Von dort verläuft der „Feuerring" weiter über Alaska, Nordamerika und Südamerika bis nach Feuerland. Es gibt auch „Hot-spot"-Vulkane fernab von Plattenrändern, zum Beispiel auf Hawaii.

Völlige Verdunkelung als Folge eines Vulkanausbruchs des Ätna.

Gibt es Vulkane in Deutschland?

Viele Berge und Mittelgebirge in Deutschland waren früher Vulkane. Dazu gehören der Vogelsberg, die Rhön, der Westerwald und das Erzgebirge. Auch der Kaiserstuhl war einst ein Vulkan – vor 15 Millionen Jahren. In der Eifel sind die Vulkane nicht erloschen, sondern ruhen nur. Auch heute noch steigt aus dem Laacher See ein Strom glucksender Gasblasen aus Kohlendioxid auf.

Lahar auf den Philippinen, Fluss aus Vulkanasche.

Steht in Deutschland ein Vulkanausbruch bevor?

Das Risiko, dass die Vulkane der Eifel wieder aktiv werden könnten, ist jedoch gering – der letzte Ausbruch fand bereits vor 11 000 Jahren statt. Außerdem vermuten Geologen, dass der Vulkanismus in Deutschland durch die Entstehung der Alpen ausgelöscht wurde.

Ein Vulkan kann unvorstellbare Mengen an Asche und Gas in die Luft schleudern. Steigen sie bis in die obere Luftschicht, die Stratosphäre, auf, können sie von Winden um die ganze Erde getragen werden. Wolken aus Schwefeldioxid reflektieren das Sonnenlicht wieder in den Weltraum – selbst tagsüber herrscht dann Dämmerlicht. Die Erde kühlt sich ab, Pflanzen können zugrunde gehen, und es kann zu sehr kalten Wintern kommen.

Bucht von Neapel mit dem Vesuv im Hintergrund.

Wie hoch spuckt ein Vulkan?

Beim Vulkanausbruch des Mount St. Helen 1980 in den USA erreichte die Pilzwolke aus Asche und Gas eine Höhe von 19 Kilometern. Der italienische Stromboli wirft seine Lava hingegen meist nur bis etwa 200 Meter hoch.

Warum ist vulkanische Asche so gefährlich?

Die Eruption von glühender Lava ist nur eine der Gefahren, die von einem Vulkan ausgehen – und oft nicht einmal die größte. Von den Bewohnern von Vulkangebieten besonders gefürchtet sind Aschewolken, die sich als „Airfall" in der Landschaft ablagern. Bei Konzentrationen von mehr als 100 Gramm pro Kubikmeter Luft können Menschen an Ascheregen ersticken. Auch so genannte pyroklastische Ströme sind gefürchtet. Dabei handelt es sich um Wolken aus Asche und Glut, die etwa mit bis zu 250 Stundenkilometern den Berghang hinunterrasen.

Was sind Lahare?

Vulkanausbrüche und Erdbeben können lawinenartige Schlammströme auslösen. Die Ascheschichten, die sich nach einer explosiven Eruption am Berghang des Vulkans abgelagert haben, werden durch Schmelz- oder Regenwasser zu einem Brei, ähnlich wie Zement. Gerät diese Masse ins Rutschen, entsteht ein Schlammstrom oder Lahar.

Was passiert, wenn eine Lahar-Lawine zum Stillstand kommt?

Kommt die Lahar-Lawine zum Stillstand, wird sie schnell hart wie Beton. In Japan versucht man, Lahare mithilfe von Dämmen umzulenken. Auch wenn die Dämme letztlich brechen, gewinnen die Menschen Zeit zur Flucht.

Was ist das Heimtückische an vulkanischen Gasen?

Vulkanische Gase sind giftig und meistens unsichtbar, weshalb sie oft zu spät bemerkt werden. Eine der größten vulkanischen Gaskatastrophen ereignete sich 1986 in Kamerun. Eine Kohlendioxid-Wolke trat unbemerkt aus dem Nios-Kratersee aus und tötete mehr als 1700 Menschen, die in der Nähe wohnten.

Wieso nennt man Island „Insel aus Feuer und Eis"?

Island („Eisland") ist für Wissenschaftler und naturinteressierte Touristen ein Paradies. In kaum einem Land der Erde kann man Naturgewalten so gut beobachten und bestaunen wie hier. Während die Insel einerseits zu 99 Prozent aus vulkanischem Gestein besteht, sind andererseits mehr als elf Prozent ihrer Landfläche von Gletschern bedeckt. Zwar liegt Island in der arktisch-polaren Zone, nur etwa 300 Kilometer von Grönland entfernt, doch das Klima ist nicht so eisig wie es klingt, da es vom Golfstrom gemildert wird.

Was ist ein Gletschervulkan?

Unter dem größten Gletscher Europas, dem Vatnajökull auf Island, brodelt ständig ein weit verzweigtes Vulkansystem. Durchschnittlich alle zwei bis drei Jahre bricht der Vulkan durch die gigantischen Eismassen des Gletschers, die bis zu 900 Meter dick sein können.

Wie kommt es beim Ausbruch zu Überschwemmungen?

Steigt die Lava empor, schmilzt sie ungeheure Mengen von Eis zu Wasser, das sich in riesigen Fluten in die Umgebung ergießt. Die Überschwemmungen in der Umgebung der Gletschervulkane richten meist größere Zerstörungen an als die eigentliche Vulkaneruption.

Island. Aus so genannten Schloten entweichen heiße Gase aus dem Erdinnern.

Treibeisfelder vor der isländischen Küste.

Island entstand vor etwa 17 Millionen Jahren durch eine Reihe von Vulkanausbrüchen, die das Fundament für die heutige Insel legten. Geologisch betrachtet steckt Island daher noch in den Kinderschuhen. Neben den mehr als hundert ruhenden Vulkanen sind heute noch zwischen 30 und 40 Vulkane aktiv. Der jüngste große Vulkanausbruch ereignete sich im Jahr 2000, als der Hekla, Islands berühmtester und aktivster Vulkan, Feuer und Asche spuckte.

Wie viele Vulkane gibt es in Island?

Island liegt genau auf der Nahtstelle zweier tektonischer Platten – der Nordamerikanischen Platte, die sich nach Westen bewegt, und der Eurasischen Platte, die nach Osten wandert. Durch deren Auseinanderdriften entstehen Risse, und aus dem so genannten Rift drängt Magma vom Erdinnern nach oben. Auf diese Weise entsteht ständig neuer Boden, der sich zu einem Gebirge auftürmt – der Mittelatlantische Rücken.

Warum kann man den Mittelatlantischen Rücken in Island sehen?

Er erstreckt sich unter Wasser von der Arktis bis ins Südpolarmeer. Nur bei Thingvellir in Island tritt der Mittelatlantische Rücken an die Erdoberfläche – als steilwandiger Graben, der mit Lavagestein verfüllt ist.

Wie weit erstreckt sich der Mittelatlantische Rücken?

Die Insel Surtsey (siehe auch Seite 98) entsteht.

Wie entstand die Vulkaninsel Surtsey?

Vulkanische Inseln können wie aus dem Nichts auftauchen. Das geschah am 14. November 1963 im Süden Islands, als das eisige Meer in den frühen Morgenstunden plötzlich zu kochen begann. Fischer beobachteten, wie Lava und Asche mit gigantischer Wucht aus den Wellen schossen. Aschesäulen erreichten eine Höhe von bis zu zehn Kilometern. Nach fünf Tagen war der Vulkan bereits 60 Meter hoch und erhielt den Namen Surtsey, nach dem sagenhaften nordischen Feuerriesen Surtur.

Wann erlosch der Surtsey?

Vier Jahre dauerten die Eruptionen, während deren die Insel 150 Meter über den Meeresspiegel wuchs und drei Quadratkilometer bedeckte. Dann war es vorbei, im Jahr 1967 erlosch der Vulkan.

Warum interessieren sich Biologen für Surtsey?

Biologen können am Beispiel von Surtsey studieren, wie schnell und von welchen Tier- und Pflanzenarten Vulkaninseln besiedelt werden. Zum Erstaunen der Wissenschaftler waren 1967 schon vier Pflanzenarten auf der Insel heimisch.

Wie verbreiten sich Samen?

Wind, Wasser und Vögel trugen Samen über das Meer. Auch Insekten „reisen" beispielsweise auf Baumstämmen über das Wasser. Das Betreten von Surtsey ist heute verboten, damit sich die Pflanzen- und Tierwelt ungestört entwickeln kann.

In vulkanischen Gebieten entstehen im Erdinnern unter Druck Wasserdampf und damit heiße Quellen, Geysire. Die Abbildung zeigt einen Geysir auf Island.

Isländische Küste. Lavaschichten sind deutlich im Gestein zu erkennen.

Junge, erkaltete Lava wird sozusagen von der Natur „zurückerobert".

Was ist ein Geysir?

Ein Geysir (isländisch: „wildes Strömen") ist eine besondere Art von heißer Quelle. In vulkanischen Gebieten entsteht im Erdinnern unter Druck Wasserdampf. Irgendwann ist der Druck so hoch, dass der Dampf durch die meist stark verengte Quellröhre als heiße Wasserfontäne bis zu 100 Meter hoch in die Luft geschleudert wird. Die Temperatur der Geysire liegt zwischen 90 und 100 °C. In manchen könnte man also Eier kochen. Neben Island finden sich die meisten Geysire im Yellowstone-Park in den USA und in Vulkangebieten auf Neuseeland. Der berühmteste Geysir ist der „Stokkur". Im 12. Jahrhundert erreichte seine Wasserfontäne eine Höhe von 70 Metern. 1916 erlosch er plötzlich und wurde erst 19 Jahre später wieder aktiv.

Kurz vor einem Ausbruch bildet sich in der Mitte zum Beispiel des Stokkurs eine Blase, die langsam größer wird und schließlich platzt. Ein Ausbruch dauert in der Regel nur einige Sekunden und erfolgt etwa alle zehn Minuten.

Wann kommt ein Geysir zum Ausbruch?

Wissenschafter auf Island tragen Gasmasken bei der Überwachung und Entnahme von Proben giftiger Gase, die aus Erdspalten dringen können – den so genannten Fumarolen (italienisch: „Mündung eines Rauchlochs", abgeleitet von „fumo": Rauch). Sie können eine Temperatur von 200 bis 1000 °C erreichen.

Was versteht man unter Fumarolen?

Die Stoffe, die in Fumarolen enthalten sind, werden um die Austrittsstelle herum abgeschieden und zersetzen das umgebende Gestein. Nehmen Fumarolen zu oder ändert sich ihre Zusammensetzung, kann ein Vulkanausbruch bevorstehen.

Was können Fumarolen anzeigen?

Aus wie vielen Inseln besteht Hawaii?

Hawaii ist eine Inselkette im Pazifischen Ozean, die seit 1960 den 50. Bundesstaat der USA bildet. Hawaii umfasst insgesamt 137 Inseln, von denen die meisten jedoch unbewohnt sind. Auf Oahu liegt die Hauptstadt Honolulu, gleichzeitig das Geschäftszentrum der Inselgruppe; die größte Insel ist jedoch Hawaii, die auch „Big Island" genannt wird.

Welches ist der größte aktive Vulkan der Erde?

Der Mauna Loa gilt als der größte aktive Vulkan der Erde. Er bildet zusammen mit dem Mauna Kea, der zur Zeit nicht aktiv ist, „Big Island". Der Mauna Loa ragt etwa 4170 Meter über den Meeresspiegel. Seine Basis liegt aber weit unter der Meeresoberfläche in etwa 5000 Kilometer Tiefe. Von dort gemessen ist der Mauna Loa mit knapp 10 000 Kilometern sogar höher als der höchste Berg der Erde, der Mount Everest. Am Fuß hat er einen Durchmesser von etwa 300 Kilometern.

Wie oft brach der Mauna Loa seit 1885 aus?

Seit 1885 wurden ungefähr zwanzig Ausbrüche des Mauna Loa registriert, die Lavaströme von bis zu 30 Kilometern hervorbrachten. Der letzte Ausbruch fand im März 1984 statt.

Lava, die sich auf Hawaii ins Meer ergießt.

Die Hawaii-Inseln gelten als ein Paradebeispiel für den so genannten „Hot-spot"-Vulkanismus (von englisch: „heißer Punkt"). Das bedeutet, dass Vulkane hier nicht an den Rändern von tektonischen Platten entstanden sind, sondern durch besonders heiße Magma-Schlote im Erdmantel, so genannte Mantel-Plume.

Warum wird Hawaii als „hot spot" bezeichnet?

Einen „hot spot" kann man sich wie einen riesigen Schneidbrenner vorstellen, der ein Loch in die starre Pazifische Platte bohrt und sie von unten her ausdünnt. Die Pazifische Platte bewegt sich nun durch die Kontinentaldrift langsam über diesen Schneidbrenner hinweg. Auf diese Weise schmilzt das heiße Gesteinsmaterial immer neue Löcher durch die Platte. Zuerst bilden sich Unterwasservulkane, die langsam, von Ausbruch zu Ausbruch, höher werden. Eines Tages erreichen sie die Wasseroberfläche und werden zu Vulkaninseln.

Was ist ein „hot spot"?

Die „hot spots" auf Hawaii, der Mauna Loa und der Kilauea, werden mit der Zeit erlöschen, weil sich die Insel langsam von deren „hot spot" entfernt. Dafür wird ein anderer aktiver Vulkan auf dem Meeresgrund, der Loihi, eine neue Insel bilden.

Wie sieht die Zukunft auf Hawaii aus?

ISS-Aufnahme der Hawaii-Inseln. Die Inseln sind als Spitzen eines riesigen, aus dem 5000 Meter tiefen Ozeanbecken aufragenden Vulkanstocks zu erkennen.

Surfer auf Hawaii.

Wie entsteht neues Land?

Am Beispiel des Kilauea auf „Big Island Hawaii" kann man gut beobachten, wie Vulkane neues Land erschaffen. Täglich fließen etwa 500 000 Kubikmeter dünnflüssige Lava aus seinem Krater. Die über 1000 °C heiße Lava schießt in den Pazifik und erstarrt unter Wasser. Durch ständige Ausbrüche dehnt sich die Insel immer weiter ins Meer aus, und neues Land entsteht.

Was hat Lava mit Stricken zu tun?

Auf dünnflüssiger Lava entsteht, ähnlich wie bei Milch, beim Abkühlen eine Haut, während die heißen unteren Schichten nachfließen und die Oberfläche zu Wülsten verdrehen. Diese Form bezeichnet man als Stricklava.

Was ist Kissenlava?

Noch häufiger kommt die Kissenlava vor. Das ist Lava, die im Wasser in Kissen- oder Wulstform erkaltet.

Was verstehen die Bewohner Hawaiis unter „Aa"?

„Aa" ist das hawaiianische Wort für einen bestimmten Typ von Lava. Aa fliegt oder rollt aus dem Vulkan und kühlt zu bröckeligen Klumpen ab. Anders als die Stricklava oder hawaiianisch die „Pahoehoe-Lava", die relativ glatt ist, ist Aa-Lava scharfkantig und kann barfuß nicht betreten werden.

Oben: so genannte „Aa"-Lava auf Hawaii.
Unten: Steilküste auf Hawaii.

Auf erkaltetem Lavagestein ist der Hafen von Pearl Harbor an der Südseite der Hawaii-Insel Oahu angelegt. Am 7. 12. 1941 vernichtete Japan hier einen Großteil der US-Pazifikflotte, 3500 Menschen starben.

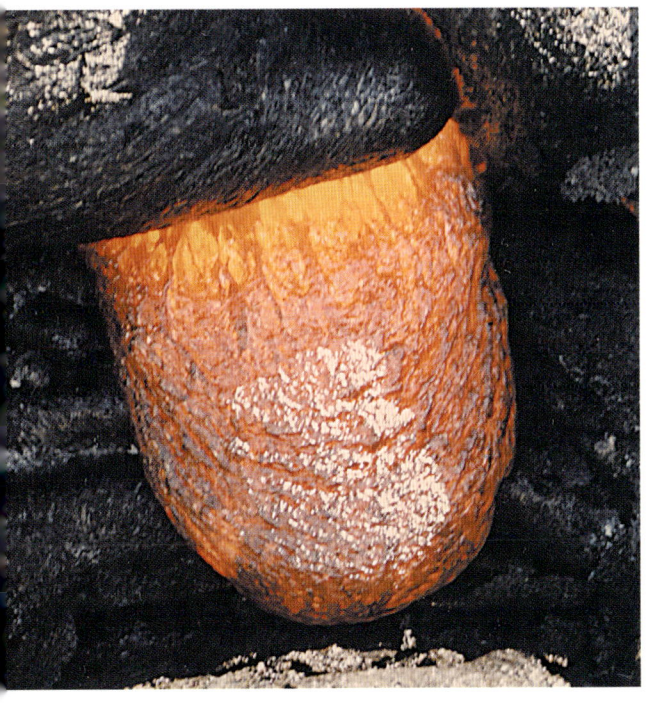

Hawaiis Vulkane sind zwar riesig und teilweise sehr aktiv, wie beispielsweise der Kilauea. Seit Jahrzehnten gab es jedoch keine Todesfälle mehr bei Ausbrüchen, besiedelte Gebiete konnten immer rechtzeitig geräumt werden. Hawaiis Vulkane sind friedlich und werden oft mit einem Kochtopf ohne Deckel verglichen: Es brodelt und kocht, Lava fließt über, aber es entsteht kein Druck, der sich in heftigen Eruptionen oder Aschewolken entlädt. Die Lava ist meist dünnflüssig und breitet sich vorhersehbar über mehrere Kilometer aus. Aus diesem Grund locken Vulkanausbrüche auf der Insel Hawaii viele Touristen an. Im „Hawaii Volcanoes National Park" sind Lavaströme und Dampfwolken bis auf wenige Kilometer mit dem Auto erreichbar.

Warum werden die Vulkane auf Hawaii auch „friedliche Vulkane" genannt?

Der letzte Ausbruch des Mauna Kea fand vermutlich vor etwa 4000 Jahren statt. Seither ist es um ihn ruhig geworden. Experten wissen jedoch, dass der Vulkan bereits schon einmal eine Ruhephase von über 4500 Jahren eingelegt hat. Daher ist es wahrscheinlich nur eine Frage der Zeit, bis der „schlafende Riese" eines Tages wieder erwacht.

Warum wird der Mauna Kea auch „schlafender Vulkan" genannt?

Auf dem Mauna Kea befindet sich eine der größten Sternwarten der Welt, das Mauna-Kea-Observatorium. Da die dort installierten Teleskope hochempfindlich auf die geringste Lageveränderung reagieren, würde man beginnende Aktivitäten des Mauna Kea sofort erkennen.

Wo liegt eine der größten Sternwarten der Welt?

Seit Jahrhunderten existieren auf Hawaii Sagen und Mythen über Vulkangeister, allen voran über „Pele", die als Göttin des Feuers und der Vulkane gilt. Früher glaubte man, Vulkanausbrüche seien ein Zeichen von Peles Zorn. Auch heute noch ist es bei Besuchern der Vulkanberge verpönt, Lavastückchen als Souvenirs mit nach Hause zu nehmen – Pele könnte darüber zornig werden.

Welche religiöse Bedeutung haben Vulkane für die Bewohner Hawaiis?

Wie groß ist der Vesuv?

Der Vesuv liegt 1277 Meter hoch über dem nahen Meer des Golfs von Neapel, nur zwölf Kilometer von der Millionenstadt Neapel entfernt. Er hat einen Gesamtdurchmesser von zwölf bis 15 Kilometern. Die flachen Ausläufer des Berges haben durch die Vulkanasche sehr nährstoffreiche Böden und werden intensiv für den Gemüseanbau genutzt. In höheren Lagen wird vor allem Wein angebaut, daran schließt sich eine Baumzone an.

Ist mit einem Ausbruch des Vesuvs zu rechnen?

Der Vesuv ist einer der aktivsten und gefährlichsten Vulkane der Welt. Auch wenn der letzte Ausbruch schon fast 60 Jahre zurück liegt, beobachten Wissenschaftler sehr genau mögliche Anzeichen für neue vulkanische Aktivitäten, analysieren die Gase, messen seismographische Veränderungen und untersuchen das Magma in den Vulkanschloten. Denn falls ein Ausbruch bevorsteht, zählt jede Minute: Über 700 000 Menschen, die in der „Roten Zone" um den Berg leben, müssen dann evakuiert werden, da die Lava in etwa sechs Minuten das Meer erreichen würde.

Aufnahme des Vesuvs aus dem All.

Was geschah in Pompeji?

Zu trauriger Berühmtheit gelangte die Stadt Pompeji durch ihre Nähe (etwa zehn Kilometer) zum Vesuv: An einem heißen Augusttag im Jahr 79 n. Chr., so berichtet der Geschichtsschreiber Plinius der Jüngere, gab es ein Erdbeben, anschließend explodierte der Gipfel des Vesuvs mit einem riesigen Knall. Eine Wolke aus glühend heißer Asche und Gas, ein so genannter pyroklastischer Strom, raste vom Berg auf die Menschen in Pompeji herab und begrub die Stadt unter sich.

Von der Lava überrascht. Die Funde in Pompeji am Südhang des Vesuvs wurden zu einem Großteil an ihrem ursprünglichen Ort belassen oder befinden sich im Nationalmuseum Neapel.

Konnte man der Lava entkommen?

Austretende Lavaströme ergossen sich über das unterhalb des Vesuvs liegende Herculaneum und zerstörten es. Aus Pompeji gab es kaum Fluchtmöglichkeiten, Schiffe wurden durch eine Flutwelle an die Küste geworfen. Nach zwei Tagen war Pompeji vollkommen zerstört.

Für die Nachwelt hat der Untergang Pompejis auch eine gute Seite: Da die Bewohner von Pompeji von den Aschewolken und Lavaströmen mitten in ihren täglichen Verrichtungen überrascht wurden, wurde der Alltag der Menschen gleichsam in die erstarrte Lava eingebacken: Teller und Gläser standen noch auf dem Tisch, und Menschen saßen zusammengekauert in den Ecken ihrer Häuser. Auch heute dauern archäologische Ausgrabungen noch an.

Pompeji wurde 79 n. Chr. mit den benachbarten Städten Stabiae und Herculaneum bei einem Vesuvausbruch vollkommen verschüttet.

Pompeji dehnte sich über eine Fläche von etwa 60 Hektar aus und war von einer Stadtmauer mit acht Toren umgeben. Hier lebten etwa 20 000 Einwohner. Zur Unterhaltung der Stadtbewohner gab es ein Theater, Bäder und ein Schwimmbad mit einer großen Sportanlage, die von Säulenhallen umgeben war.

Wie groß war Pompeji?

Durch archäologische Ausgrabungen kennen wir heute sehr viele Details des alltäglichen Lebens im antiken Pompeji. Die meisten Bewohner lebten in Ein- oder Zweizimmerwohnungen über einem Ladengeschäft. In den Wohnungen gab es weder Herde noch fließendes Wasser – die Menschen kauften sich das Essen in Garküchen um die Ecke und holten Wasser aus den öffentlichen Brunnen.

Wie haben die Menschen in Pompeji gelebt?

Vor der Toren Pompejis lag ein geschäftiger Hafen. Schiffe aus Griechenland, Spanien, Nordafrika und dem Vorderen Orient liefen regelmäßig ein. Gegen Wein, Getreide und die bekannte, teure Fischsauce Garum aus der Region tauschten die Bewohner Pompejis Gewürze, Papyrus und Keramik ein.

Wie kamen Handelsgüter nach Pompeji?

Angelhaken, Nägel, Beile – all das sind Gegenstände, die die Menschen in Pompeji auch schon benutzt haben. Die Häuser der reichen Bewohner waren mit kunstvollen Mosaiken und Wandmalereien ausgestattet, und sogar die Fußbodenheizung war damals schon bekannt. Beliebte Musikinstrumente waren Flöten, Rasseln, Trommeln und Hörner.

Welche Alltagsgegenstände hat man in Pompeji gefunden?

Archäologische Ausgrabungen liefern wertvolle Informationen über das Leben in der Antike; gleichzeitig droht den Ruinen der Zerfall durch Schadstoffe und Abnutzung, wenn sie einmal ans Tageslicht gebracht wurden.

Wodurch ist Pompeji heute bedroht?

Welcher Vulkan ist der größte Europas?

Der größte Vulkan Europas ist der Ätna in Sizilien, einer Insel, die zu Italien gehört. Er ist etwa 3350 Meter hoch – seine Höhe ändert sich ständig – und hat einen Umfang von 212 Kilometern. Er hat nicht nur einen Schlot, aus dem die Lava entweichen kann, sondern 400 einzelne Krater.

Werden die Ausbrüche des Ätna gefährlicher?

Der Ätna galt bisher als „gutmütiger" Vulkan, ähnlich den Vulkanen auf Hawaii. Obwohl er sehr aktiv ist, kam es in der Vergangenheit selten zu schwerwiegenden Zerstörungen durch Ausbrüche, da Gase und Lava beständig entweichen konnten. Seit 2001 spuckt der Ätna nun aber unberechenbarer und explosiver.

Worauf deutet die chemische Zusammensetzung von Lava und Gasen des Ätna hin?

Vulkanologen haben festgestellt, dass auch die chemische Zusammensetzung von Lava und Gasen darauf hindeutet, dass sich der Ätna in die Richtung der gefährlichen, weil hochexplosiven, Vulkane wie zum Beispiel dem philippinischen Pinatubo entwickeln könnte.

Kann man auf dem Ätna Ski fahren?

Die gut ausgebauten Pisten des Ätna sind im Winter ein beliebtes Skigebiet. Auch auf den über 4000 Meter hohen Vulkanen Hawaiis liegt im Winter Schnee.

Ausbruch des Stromboli.

ISS-Aufnahme des Ätna.

Ansiedlungen am Fuß des Ätna.

Ätna, Stromboli und Vesuv, die berühmten italienischen Vulkane, liegen auf der Bruchlinie zwischen Eurasischer und Afrikanischer Erdplatte. Hier ist die Erdkruste ständig in Bewegung, weshalb es auch oft zu Erdbeben kommt.

Warum gibt es in Italien so viele Vulkane?

Der Stromboli gab der gleichnamigen Insel seinen Namen. Er gehört mit seinen sechs Nachbarinseln zur Gruppe der Äolischen oder Liparischen Inseln nördlich von Sizilien. Die Höhe seines Vulkankegels beträgt vom Meeresspiegel aus etwa 926 Meter. An der Höhe der Insel gemessen, ist deren Fläche mit 12,6 Quadratkilometern ungewöhnlich klein.

Was ist so besonders am Stromboli?

Berühmt ist der Stromboli für die „Sciara del Fuoco", die Feuerstraße, über die die Lava des Vulkans vom Gipfel weg kontinuierlich ins Meer hinabfließt.

Was ist die „Sciara del Fuoco"?

Der Stomboli ist seit dem Altertum ein wichtiger Orientierungspunkt für Schiffe, die im Mittelmeer unterwegs sind. Alle 20 Minuten spuckt der Stromboli glühende Lava aus einem der vier Krater – bis zu 200 Meter hoch. Er ist der aktivste der italienischen Vulkane. Normalerweise sind die Ausbrüche relativ ungefährlich.

Wieso wird der Stromboli auch „Leuchtturm des Mittelmeers" genannt?

Was versteht man unter Geothermie?

Geothermie bedeutet Erdwärme, die die Erde in ihrem Innern speichert und die als Energiequelle nutzbar gemacht werden kann. In Vulkangebieten ist die Temperatur in den oberen Erdschichten hoch, sodass die Erdwärme relativ leicht erschlossen werden kann.

Wie wird in Island Strom erzeugt?

In Island wird die Energie von Geysiren und heißem Wasserdampf genutzt, um Naturdampfkraftwerke anzutreiben. Aus Bohrlöchern bricht heißer Wasserdampf – zum Teil sogar mit Überschallgeschwindigkeit – hervor und treibt Turbinen zur Stromerzeugung an.

Wie viel Strom kann ein Bohrloch liefern?

Ein einziges Bohrloch kann bis zu 80 Millionen Kilowatt an Strom im Jahr liefern. Energie aus Naturdampf ist drei- bis viermal billiger als Wasserkraftwerke, thermoelektrische Anlagen oder Kernenergie.

Weshalb ist Reykjavik die „Stadt ohne Schornsteine"?

Man könnte sagen, dass Reykjavik auf einem natürlichen Heißwasserboiler liegt. Unter der Stadt, in einer Tiefe von 600 bis 2800 Metern, ist das Wasser zwischen 80 und 130 °C Celsius warm. Diese natürlichen Heißwasservorkommen werden zu Heizzwecken angezapft: Praktisch jeder Haushalt Reykjaviks ist an das Fernwärmenetz angeschlossen.

Heiße Quelle in Island.

Schwefliges Wasser – in Island sind vulkanische Aktivitäten sogar auf einer Weide zu beobachten.

Erdwärmekraftwerk mit Kühltürmen in Lardarello, Toskana.

Was ist das „Hot-Dry-Rock"-Verfahren?

Mit diesem relativ neuen technischen Verfahren erhoffen sich Wissenschaftler und Techniker eine größere Nutzbarmachung der Erdwärme, gerade auch in unseren Breiten, in denen es nur wenige heiße Oberflächenquellen gibt. Das Prinzip funktioniert wie bei einem Durchlauferhitzer: Zwei Löcher werden in Tiefen bis zu 5000 Metern gebohrt, wo etwa 200 bis 300 °C Erdtemperatur herrschen. Kaltes Wasser wird durch das eine Loch nach unten gedrückt, heizt sich dort durch die Erdwärme auf und steigt durch die andere Leitung kochend oder als heißer Dampf wieder nach oben. So entsteht ein Kreislaufsystem, an das Erdwärmekraftwerke angeschlossen und für die Energiegewinnung nutzbar gemacht werden können.

In der Toskana, Italien, werden unterirdische Wasservorkommen durch Magma aufgeheizt. Im Jahr 1913 hatte Graf Piero Ginori Conti in Lardarello die Idee, diesen natürlichen Dampf zur Energiegewinnung zu nutzen, und gründete so das erste Erdwärmekraftwerk der Welt. Damals brachte Lardarello 220 Kilowatt Leistung, heute werden dort 400 Megawatt ins italienische Stromnetz eingespeist.

In Mecklenburg-Vorpommern steht das erste Erdwärmekraftwerk Deutschlands. Es nutzt 97 °C heißes Wasser aus einer Tiefe von 2200 Metern. Insgesamt steckt die Verwendung der Erdwärme in unseren Breiten aber erst in den Anfängen, da es wenige Heißwasserreservoire direkt unter der Erdoberfläche gibt. Bisher wird die so gewonnene Energie vorwiegend zum Heizen genutzt, da die Stromerzeugung mit diesem Verfahren noch nicht rentabel ist.

Wo liegt das älteste Erdwärmekraftwerk der Welt?

Wie wird Erdwärme in Deutschland bisher genutzt?

NATURKATASTROPHEN

Extreme Naturereignisse werden erst dann zu Katastrophen, wenn Menschen davon direkt oder durch ihre Folgen betroffen sind. Sie können durch die unterschiedlichsten Naturkräfte ausgelöst werden: durch Winde, Wasser, Niederschläge – oder deren Ausbleiben – und durch Vorgänge im Erdinnern. Auf alle diese Erscheinungen wirkt der Mensch durch sein Handeln ein, sodass Katastrophen immer auch von Menschen gemacht sind. Der beste Schutz vor Naturkatastrophen sind umweltbewusstes Handeln und Maßnahmen, um ihre Auswirkungen zu begrenzen.

Was ist ein Satellit?

Das Wort Satellit kommt aus dem Lateinischen und bedeutet so viel wie „Leibwächter". Wissenschaftler (Astronomen) bezeichnen damit einen Himmelskörper, der um einen größeren kreist. Die Erde ist daher ein Satellit der Sonne. In der Raumfahrt versteht man unter Satellit einen künstlichen Flugkörper, der einen Planeten oder Mond auf einer Kreisbahn (Orbit) umrundet.

Was ist eine Raumsonde?

Im Gegensatz dazu ist eine Raumsonde ein unbemannter Flugkörper, der zu Forschungszwecken ins Weltall geschickt wird. Raumsonden sind mit Geräten zur Messung oder Beobachtung von Erde beziehungsweise Weltraum bestückt.

Was erforschen Satelliten?

Satelliten werden hauptsächlich für drei große Aufgabengebiete in die Umlaufbahnen der Erde geschickt: zur Erforschung des Weltalls, zur Erdbeobachtung und zur Kommunikation. Darüber hinaus werden sie zu militärischen Zwecken als Aufklärungs- und Spionagesatelliten eingesetzt.

Wie hoch können Satelliten fliegen?

Wettersatelliten umkreisen die Erde in einer Höhe von 800 bis 1200 Kilometern. Es gibt auch Satelliten in so genannten stationären Umlaufbahnen, die 36 000 Kilometer hoch über der Erdoberfläche fliegen.

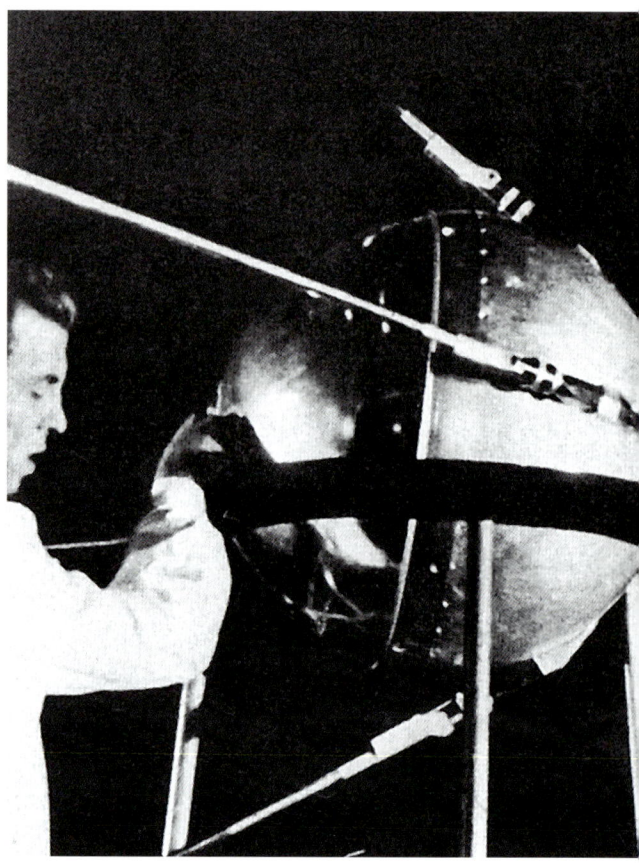

Ein russischer Wissenschaftler prüft vor dem unmittelbaren Einsatz den ersten Satelliten, den berühmten Sputnik, im Jahr 1957.

Ein Satellit ist ein mit technischem Gerät ausgestatteter metallischer Behälter, der in die Umlaufbahn der Erde gebracht wird. Er ist mit einem Energieversorgungssystem bestückt, mit dessen Hilfe er seine Geräte betreibt und mit dem er von der Erde aus per Funk gesteuert werden kann. Meist handelt es sich dabei um Solarzellen, die auf großen Trägern, den Sonnenpaneelen, angebracht werden. Fliegt ein Satellit in geringer Höhe um die Erde, braucht er eine hohe Geschwindigkeit, nämlich rund acht Kilometer pro Sekunde, um die Erdanziehung durch die Fliehkraft auszugleichen. Mit der Zeit wird ein Satellit durch den Restluftwiderstand abgebremst. Viele Satelliten verglühen dann in der immer dichter werdenden Luft der Atmosphäre. Wracks können auch in der Erdumlaufbahn bleiben – so entsteht Weltraummüll, der immer mehr zum Problem wird.

Wie funktioniert ein Satellit?

Space Shuttle setzt einen Satelliten aus und bringt ihn auf seine Umlaufbahn.

Die Sowjetunion schoss am 4. Oktober 1957 den ersten Fernmelde-Satelliten namens Sputnik 1 ins All. Sputnik 1 wog über 80 Kilogramm. Er sendete nur drei Wochen lang, dann waren seine Batterien erschöpft.

Wieso war Sputnik eine Sensation?

Schon drei Wochen später wurde sein Nachfolger, Sputnik 2, in die Umlaufbahn der Erde geschickt und mit ihm das erste Lebewesen im Orbit: die Hündin Laika. An ihr wollten Wissenschaftler die Körperfunktionen von Lebewesen im All untersuchen. Laika überlebte den Ausflug nicht.

Was war das Besondere an Sputnik 2?

Die Fernsehsignale werden zu einem Mikrowellenstrahl umgewandelt und gebündelt; dieser Strahl wird dann auf den Satelliten gerichtet. Der Satellit empfängt die Signale, verstärkt sie und schickt sie wieder zur Erde zurück. Dort werden sie von einer Parabolantenne (Satellitenschüssel) aufgefangen und an den Receiver (Empfänger) und schließlich den Fernseher übertragen.

Wie funktioniert Satelliten-Fernsehen?

Was beobachten Umweltsatelliten?

Umweltsatelliten sammeln eine Vielzahl von Daten über meteorologische (Wetter), ökologische (Umwelt) und klimatische Erscheinungen. Auf der Erdoberfläche werden beispielsweise die Temperaturen der Wasser- und Landflächen und ihre Schnee- und Eisbedeckung beobachtet. Auch Meeresströmungen und die Wasserstände von Überschwemmungsgebieten zeichnen die Satelliten auf und senden die Bilder an Bodenstationen.

Wie dienen Satelliten der Forst- und Landwirtschaft?

Die Schadenssituation von Waldgebieten sowie von Ernte- und Weideflächen kann heutzutage durch die Satellitenüberwachung so genau und umfassend analysiert werden wie nie zuvor. Nicht zuletzt auch vulkanische Aktivitäten werden aus dem Orbit heraus rund um die Uhr beobachtet, um bei Anzeichen eines bevorstehenden Ausbruchs Katastrophenwarnung geben zu können.

Mit welchen technischen Mitteln machen Satelliten Aufzeichnungen?

Satelliten sind mit einer Vielzahl technischer Instrumente wie Fernsehkameras, Infrarot-Radiometer und Strahlungsmessgeräten ausgestattet. High-Tech-Kameras können aus tausend Kilometern Höhe Personen und Gebäude erkennen und sogar jede Bordsteinkante genau vermessen.

Der „rauchende Berg" Popocatépetl wird per Satellit regelmäßig aus dem All überwacht.

Wie scharf die Aufnahmen der Satelliten-kameras sind, zeigt dieses Panorama von Deutschland und Dänemark.

Sein Name ist „Envisat" („Environmental Satellite") – ein gigantischer Beobachtungssatellit mit zehn Metern Länge, sieben Metern Breite und mehr als acht Tonnen Gewicht. Mit der Trägerrakete Ariane 5 wurde er in seine Umlaufbahn gebracht. „Envisat" kostete 2,3 Milliarden Euro; er setzt bei der satellitengestützten Klimaforschung neue Maßstäbe. Er ist mit hoch empfindlichen Messinstrumenten bestückt und soll praktisch jeden Winkel der Erde unter allen denkbaren Umweltaspekten untersuchen sowie die Frühwarnung vor Naturkatastrophen verbessern. In 100 Minuten fliegt er einmal um die Erde.

Wer ist der Riese unter den Satelliten?

Viele Naturereignisse müssen nicht katastrophal verlaufen, wenn man sie zum Beispiel durch Satellitenbilder rechtzeitig erkennt und die betroffene Bevölkerung schnell vorwarnt.

Wie helfen Satelliten beim Katastrophenschutz?

Weiß man etwa, in welche Windrichtung sich ein Waldbrand ausbreiten wird oder an welcher Stelle ein Deich schon schwach geworden ist, können Feuerwehr, Zivilschutz und Technisches Hilfswerk Maßnahmen ergreifen. Zu den möglichen Maßnahmen zählt die Evakuierung, zum Beispiel vor Überschwemmungen oder Vulkanausbrüchen.

Welche Maßnahmen können mithilfe von Satelliten getroffen werden?

Ein Satellit wird kurz vor dem Einbau in die Trägerrakete noch einmal überprüft.

Wie kann man die Luftqualität messen?

Die Messung der Luftqualität wird durch die zunehmende Verschmutzung immer wichtiger. Neben Bodenstationen, die so genannte Luftfremdstoffe aufzeichnen, leisten auch hier Satelliten wertvolle Dienste.

Können Satelliten zeigen, „woher der Wind weht"?

Da der Wind Schadstoffe innerhalb weniger Tage einmal um die Erde tragen kann, zeigen die Satellitenaufnahmen, woher die Verschmutzungen kommen und wie sie sich verteilen.

Sind „Hochs" und „Tiefs" männlich oder weiblich?

Eine alte Tradition besagte, dass Frauen für das schlechte Wetter zuständig seien: Tiefdruckgebiete wurden mit weiblichen Namen bezeichnet. Seit 1999 gibt es auch beim Wetter mehr Gerechtigkeit. In ungeraden Jahren sind „Hochs" weiblich, und Tiefdruckgebiete bekommen Männernamen.

Was alles kann „Meteosat"?

Seit 1977 kreisen die Wettersatelliten „Meteosat" auf einer Erdumlaufbahn. Sie messen nicht nur das sichtbare Spektrum der Erdatmosphäre, sondern untersuchen mithilfe von Infrarot die Wärmeverteilung in der Atmosphäre, aus der man die Windrichtung und -stärke ableiten kann. Die Satellitentechnik macht auch den Wasserdampf sichtbar, der anzeigt, wo sich Wolken bilden werden.

Bildfolge mit Aufnahmen von Meteosat zur Vorhersage des Wetters. Die Bilder dieses Satelliten, die wichtige Aufschlüsse über den Zustand der Atmosphäre geben, dienen der Analyse des Wettergeschehens.

Wetterstation auf der Zugspitze. Das meteorologische Observatorium ist im Turm untergebacht.

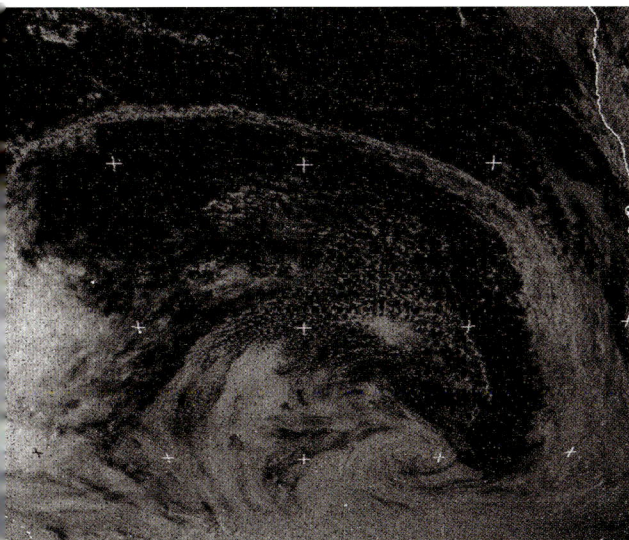

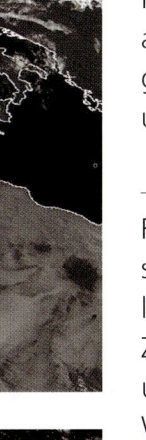

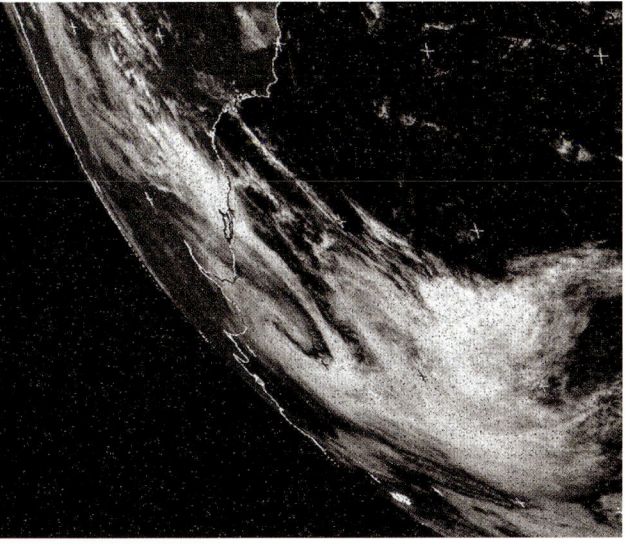

Wettervorhersagen sind Teil unseres Alltags. Kaum bekannt ist aber, wie Meteorologen (Wetterkundler) überhaupt zu ihren Informationen kommen. Wetter lässt sich nur voraussagen, wenn ein dichtes Netz aus Wetterstationen besteht. Messstationen sind kleine, meist unscheinbare Geräte, die in einem freien Gelände stehen. In ihnen werden folgende Daten der Luft gemessen: Feuchtigkeit, Regen, Temperatur, Luftdruck, Windgeschwindigkeit, Windrichtung, Sonnenscheindauer und Schneehöhe.

Was sind Wetterstationen?

Jedes Land der Erde unterhält heute einen meteorologischen Dienst und Stationen zur Wetterbeobachtung. Allein in der Bundesrepublik Deutschland stehen weit über 100 bemannte und eine Reihe automatischer Stationen zur Verfügung. Hinzu kommen private Wetterdienste und Beobachtungseinrichtungen. Neben Bodenstationen gibt es Messstationen auf Schiffen, Bohrinseln und in Flugzeugen.

Was machen Wetterdienste?

Für Daten aus den höheren Schichten der Atmosphäre werden täglich mit Helium gefüllte Ballons, so genannte Radiosonden, empor geschickt. Zusätzlich umkreisen Wettersatelliten die Erde und senden alle 15 bis 30 Minuten Bilder über die Wolkenentwicklung zum Boden. Alle diese Wetterdaten müssen nun von den Meteorologen eines Wetterdienstes ausgewertet werden.

Wer meldet Wetterdaten aus höheren Atmosphäreschichten?

Die Vorhersagen der Wetterdienste gelten immer für eine ganze Region, sodass sie also nur das Durchschnittswetter beschreiben, mit dem zu rechnen ist. Die Wettervorhersage ist umso genauer, je näher der Zeitraum ist, auf den sie sich bezieht. Es gibt Wetterlagen wie Schauer und Gewitter, die man nie genau vorhersagen kann. Solche Vorhersagen kann man in der Regel nur zwei bis drei Stunden im Voraus treffen.

Wie genau kann man Wetter vorhersagen?

Was ist eine Wetterkarte?

Die Wetterkarte im Fernsehen ähnelt der Wetterkarte, die Meteorologen für die Aufzeichnung des Wetters benutzen. Man nimmt eine Landkarte, auf der die Standorte aller Wetterstationen eingezeichnet sind. Stationen, die den gleichen Luftdruck haben, werden mit Linien, den so genannten Isobaren, verbunden. Dadurch werden Hoch- und Tiefdruckgebiete und der Frontenverlauf zwischen ihnen sichtbar. Nun werden weitere Informationen über Temperaturen und Windrichtungen aus den Messstationen hinzugezogen, sodass man die Richtung, in die das Wetter ziehen wird, errechnen kann.

Wie funktioniert Wetterradar?

Ein sich ständig drehender Sender strahlt Radiowellen aus. Diese werden von Wolken und Regen reflektiert und gelangen zurück zum Sender, der gleichzeitig Empfänger ist. Die Zeit, die die Radiowellen für diese Strecke benötigen, gibt Aufschluss über die Entfernung zum nächsten Schlechtwettergebiet.

Wo wird Wetterradar installiert?

Wetterradar wird häufig auf Schiffen und Flugzeugen installiert, um Informationen über das Wetter in Meeresregionen zu sammeln.

Ist eine Frühwarnung vor Wirbelstürmen und Orkanen möglich?

In der Regel kann man Wirbelstürme auf Satellitenaufnahmen sehr früh erkennen. Trotzdem kommt es immer wieder vor, dass Tiefdruckgebiete unterschätzt werden und sich plötzlich zu verheerenden Stürmen auswachsen. Aber selbst wenn Stürme rechtzeitig erkannt werden – aufhalten lassen sie sich nicht. In Regionen, die für häufige Wirbelstürme bekannt sind, wie zum Beispiel Florida in den USA, haben die Menschen gelernt, mit kurzfristigen Evakuierungen zu leben. Anders sieht es in den armen Ländern Asiens und Mittelamerikas aus. Entweder existieren dort keine oder nur unzureichende Frühwarnsysteme oder eine Flucht ist einfach unbezahlbar.

Meteorologe mit Radiosonde vor einer Wetterstation.

Dank Satellitentechnik und Radar ist es möglich, genauere Aufschlüsse über die Wolkenbildung zu erhalten. Auf diese Weise werden Vorhersagen getroffen und Sturmwarnungen herausgegeben.

Die erste Wetterkarte wurde 1686 von Edmund Halley angefertigt. Auf der Großen Weltausstellung in London 1851 zeigte man eine Wetterkarte, die das Wetter mehrerer Orte gleichzeitig darstellte. Bis dahin kannten die Menschen nur das Wetter ihres Aufenthaltsorts, da es keine technischen Möglichkeiten gab, das Wetter mehrerer Orte zur gleichen Zeit abzurufen. Nach 1850 gab es die ersten internationalen Konferenzen zur Wetterkunde.

In den vergangenen Jahren nahm die Kritik an den bisherigen Unwetterwarnsystemen in Mitteleuropa zu. Vor allem Feuerwehren, Zivilschutzorganisationen und Technisches Hilfswerk kritisieren, dass die Wettervorhersagen zu allgemein und daher nicht wirkungsvoll genug seien. Durch ausgefeilte Computerprogramme soll vor allem die Weitergabe von Wetterdaten an Einrichtungen des Katastrophenschutzes beschleunigt werden.

Wie kann man sich besser vor den Folgen von Unwettern schützen?

Jeder, der schon einmal in einem Treibhaus war, weiß, dass es dort wärmer ist als außen. Ähnlich verhält es sich auf der Erde. Die Sonne schickt kurzwellige Strahlen auf die Erdoberfläche, wo sie in Wärme umgewandelt werden. Nur ein kleiner Prozentsatz der Wärme kann durch die Atmosphäre und durch so genannte natürliche Treibhausgase wie Kohlendioxid wieder ins All entweichen. Gäbe es diesen natürlichen Treibhauseffekt nicht, würde die durchschnittliche Temperatur auf der Erde bei minus 18 °C liegen.

Was ist der natürliche Treibhauseffekt?

Verkehrsstau und umweltbelastende Abgase in einer Großstadt.

Treibhausgase regeln die Temperatur auf der Erde und halten sie auf einem gleich bleibenden Stand. Erhöht sich die Menge der Treibhausgase, vor allem von Kohlendioxid, steigt die Erdtemperatur – als wären in einem Treibhaus die Scheiben zu dick. Seit Beginn des 19. Jahrhunderts nimmt der Anteil an Kohlendioxid in der Atmosphäre ständig zu. Vor allem die Verbrennung so genannter fossiler Brennstoffe wie Öl, Kohle und Gas setzt Kohlendioxid frei. Pflanzen und Bäume bauen Kohlendioxid ab. Durch die jahrzehntelange Abholzung der Regenwälder steigt der Anteil der Treibhausgase in der Atmosphäre an.

Wann wird der Treibhauseffekt zum Problem?

Die Folgen des von Menschen gemachten Treibhauseffekts kann man heute noch nicht absehen. Sicher ist aber, dass wir uns in einer Phase der Erderwärmung befinden.

Kennt man die Folgen des Treibhauseffekts?

Kann man sich vor Vulkanausbrüchen und Erdbeben schützen?

Die Bewegungen der Erde und die Eruption von Vulkanen kann man auch mit modernsten Methoden nicht beherrschen. Die einzige Möglichkeit, mit dem Rumoren und Spucken aus dem Erdinnern zu leben, besteht darin, Erdbeben und Vulkanausbrüche rechtzeitig vorherzusagen.

Wie kann man Vulkanausbrüche vorhersagen?

Bei aktiven und als explosiv geltenden Vulkanen untersuchen Wissenschaftler (Vulkanologen) die Zusammensetzung des magmahaltigen Gesteins und den Gasgehalt im Schlot des Vulkans. Davon erhoffen sie sich Informationen darüber, wie stark ein kommender Ausbruch sein wird.

Wie werden Messungen am Vulkan durchgeführt?

Eingepackt in feuerfeste Schutzanzüge klettern die Wissenschaftler an den Berghängen tätiger Vulkane hoch oder sogar in den Krater hinein, um Proben zu entnehmen und Temperaturveränderungen mit einem so genannten Thermoelement zu messen.

Wo setzt man Seismometer ein?

An den Hängen werden Seismometer aufgestellt, die die Erschütterungen aufzeichnen, die einem Ausbruch meist vorausgehen. Um die Gefahr für die Wissenschaftler bei der Untersuchung von Vulkanen zu mindern, setzt man heute zunehmend Roboter ein.

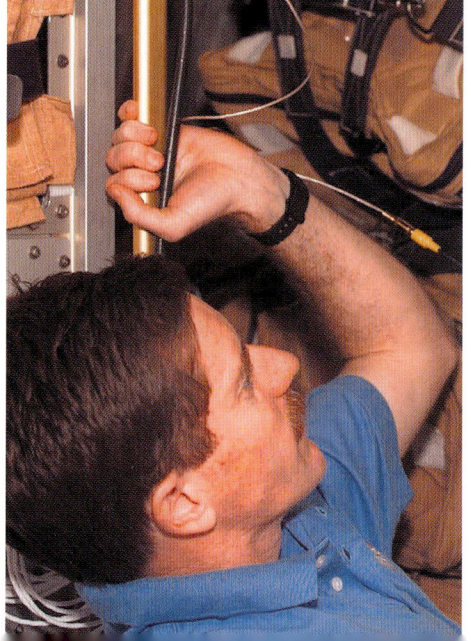

Der Astronaut James Reilly führt während eines Shuttleflugs ein Experiment im All durch.

In erdbebengefährdeten Gebieten beobachten Satelliten schon seit Jahren kleinste Bewegungen der Erdoberfläche. Selbst zentimeterkleine Verschiebungen können ein Hinweis darauf sein, dass ein Erdstoß oder ein Vulkanausbruch bevorsteht.

Kann man aus dem Weltraum die Bewegungen der Erdoberfläche überwachen?

Ein Netz von etwa 24 Satelliten, das „Global Positioning System" (GPS), steht in Verbindung mit Messstationen auf dem Vulkan oder im Erdbebengebiet. Kommt es zu Erdverschiebungen oder Erschütterungen, funktioniert GPS wie ein Bewegungsmelder und schlägt Alarm.

Wie heißt ein modernes Überwachungssystem?

Dämme werden vor allem gebaut, um sich vor Schlammlawinen (Laharen) als Folge eines Vulkanausbruchs oder Erdbebens zu schützen. Sie sollen die Ströme bremsen und lenken. Auf diese Weise gewinnen die Menschen zumindest Zeit für die Flucht.

Kann man sich mit Dämmen vor Lavaströmen schützen?

Die Asche eines Vulkans, die sich in der Umgebung von vielen Kilometern verteilt, ist sehr fruchtbar und daher ein ausgezeichneter Dünger für Anbauflächen. Viele Regionen der Welt sind zudem so dicht besiedelt, dass ein weiträumiges Ausweichen vor dem Vulkan nicht möglich ist.

Warum leben Menschen in der Nähe von Vulkanen?

Ein Vulkanologe entnimmt am Ätna eine Lavaprobe.

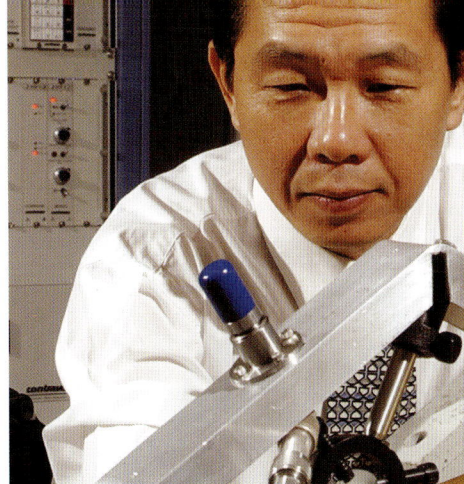

Ein Wissenschaftler bei der Arbeit an einem Gerät zur Vermessung von Vulkanen und zur Früherkennung von Ausbrüchen.

Was ist überhaupt Ozon?

Ozon – dieser Begriff fällt häufig im Sommer nach längeren Hitzeperioden. Ozon ist ein ätzendes, scharf riechendes Gas, das aus drei Sauerstoffmolekülen besteht. In einer Höhe von 15 bis 30 Kilometern über der Erdoberfläche bildet das Ozon eine Schicht, die als Filter für das Sonnenlicht dient. Der gefährliche Anteil der UV-Strahlen des Sonnenlichts kann daher nicht auf die Erdoberfläche auftreffen. Die Ozonschicht schützt also das Leben auf der Erde.

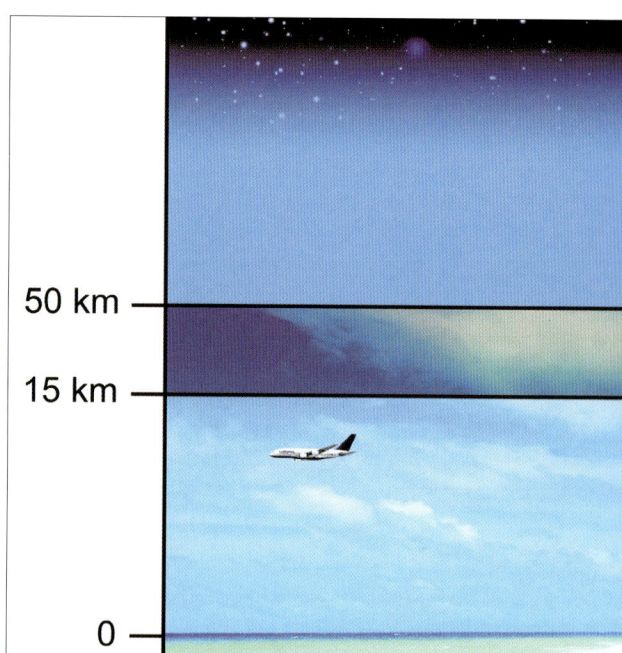

Die Ozonschicht in der Atmosphäre in grafischer Darstellung. Sie filtert die energiereiche UV-Strahlung aus dem Sonnenlicht und ermöglicht so das Leben auf der Erde.

Warum wird die Ozonschicht immer dünner?

Seit etwa 20 Jahren beobachtet man, dass die Ozonschicht dünner wird, zunächst vor allem auf der Südhalbkugel, mit steigender Tendenz auch auf der Nordhalbkugel. Die Ursache sind hauptsächlich Schadstoffe wie Fluor-Chlor-Kohlenwasserstoffe (FCKW). Sie wurden als Treibmittel in Spraydosen und für Schaumstoffe sowie in Klimaanlagen und Kühlschränken verwendet. FCKW greift die Ozonschicht an und macht sie für UV-Strahlung durchlässig.

Woraus schließt man, dass Sonnenstrahlen heute aggressiver sind?

Die steigende Zahl an Sonnenbränden und Hautkrebs, aber auch an Schädigungen bei Pflanzen und Tieren zeigen, dass die Sonnenstrahlen aggressiver wirken.

Die empfindliche Ozonschicht wird auch von Flugzeugen beeinträchtigt, da sie Abgase direkt in höhere Luftschichten abgeben.

Ozonloch-Darstellung. Seit Ende der 1970er Jahre wird vor allem in den Monaten September und Oktober eine dramatische Abnahme des stratosphärischen Ozons über der Südpolarregion beobachtet („Ozonloch").

Was ist „saurer Regen"?

Saubere Luft enthält geringe Mengen Kohlendioxid, Sulfate, die von Vulkanen und Bakterien freigesetzt werden, sowie Stickoxide, die entstehen, wenn Blitze Stickstoff der Luft zum Oxidieren bringen. Alle diese Teilchen lösen sich in Wasser, sodass natürlicher Regen einen ph-Wert von 5,6 hat, also leicht sauer ist. Ist der ph-Wert höher, ist der Regen alkalisch. Niederschlag gilt dann als sauer, wenn der ph-Wert unter 5,0 liegt. Als Folge des sauren Regens treten seit einigen Jahrzehnten in Mitteleuropa Waldschäden und Schäden in Gewässern auf. Versauern Gewässer, sterben Mikroorganismen und auch Fische. Durch das saure Klima können sich Metalle aus den Ablagerungen der Gewässer lösen.

Während Ozon in den oberen Luftschichten fehlt, kommt es in Bodennähe im Übermaß vor. Die Konzentration des Gases am Boden entsteht hauptsächlich durch Autoabgase. Das Ozon erfüllt hier keine Schutzfunktion mehr, sondern wirkt sich schädlich auf die Atemwege und Lungenfunktion aus, wenn es auf über 180 Mikrogramm steigt.

Bei vielen Menschen kommt es zu Brustschmerzen, Husten und Asthmaanfällen. Aus diesem Grund gehören mittlerweile Ozonwarnungen in Funk und Fernsehen zum Alltag.

Hier hilft nur eines: die Verringerung der Luftschadstoffe. Sparsame Autos mit geringem Schadstoffausstoß können dazu beitragen. Die große Masse der „Ozonkiller" entsteht jedoch durch industrielle Produktionsweisen. Hier ist die Verringerung des Schadstoffausstoßes nötig.

Warum gibt es Ozonwarnungen?

Was sind die Folgen von zu viel Ozon?

Was kann man gegen das Ozonloch tun?

Was versteht man unter Anfälligkeit für Katastrophen?

Naturkatastrophen haben ihre Ursache sowohl in der Natur als auch im Verhalten des Menschen, der auf die Natur einwirkt. Wissenschaftler versuchen genauer zu erforschen, wie dieses Zusammenspiel zwischen Mensch und Natur abläuft. Sie unterscheiden daher einerseits zwischen der tatsächlichen Bedrohung, die zum Beispiel von einem Vulkan ausgeht, und der so genannten Katastrophenanfälligkeit auf der anderen Seite. Man versteht darunter die Möglichkeiten oder Fähigkeiten, die Menschen haben, um sich vor einer Bedrohung zu schützen oder sich von einer Katastrophe zu erholen.

Wodurch werden Menschen und Regionen der Welt anfällig für Katastrophen?

Man hat festgestellt, dass es bestimmte Bedingungen gibt, unter denen sich Naturereignisse besonders zerstörerisch auswirken. Dazu zählen: Armut, hohe Bevölkerungsdichte, Besiedlung gefährdeter Gebiete, Übernutzung natürlicher Vorkommen (zum Beispiel Überweidung), mangelhafte Kommunikationsmöglichkeiten (zum Beispiel schlecht funktionierende Frühwarnsysteme), Versagen der politisch Verantwortlichen (etwa in Ländern mit Bürgerkrieg) und, nicht zuletzt, der Klimawandel.

Hurrikan im Süden der USA.

Inmitten von Ruinen suchen Erdbebenopfer in Afghanistan nach Brauchbarem. Bei dem schweren Beben 1998 kamen über 4000 Menschen ums Leben.

Sowohl die Anzahl von Unwettern als auch deren zerstörerische Auswirkungen erhöhten sich in den vergangenen Jahrzehnten. Im Zeitraum von 1950 bis 1990 haben sich die jährlichen Schäden durch Naturkatastrophen weltweit verzehnfacht. Statistiken zeigen, dass 80 Prozent aller Naturkatastrophen der vergangenen Jahre durch Wind oder Wasser verursacht wurden, beispielsweise durch Hurrikane, Stürme, Lawinen, starke Regenfälle und Überschwemmungen sowie Dürren, also Wassermangel.

Hat die Anzahl von Unwettern in den vergangenen Jahrzehnten zugenommen?

Ein Klimawandel findet tatsächlich statt, auch wenn die Erforschung der Wechselwirkungen zwischen dem Treibhauseffekt, der Eisschmelze, der Entstehung von Stürmen sowie von Niederschlag und Trockenheit noch nicht ganz verstanden wird.

Gibt es den Klimawandel?

Durch die weltweite Berichterstattung kommen Bilder über Katastrophen aus den entlegensten Winkeln der Erde in unsere Wohnzimmer. So verstärkt sich der Eindruck, dass Naturkatastrophen zunehmen. Oft wird nur über die spektakulären Ereignisse berichtet; immer wiederkehrende Katastrophen, wie zum Beispiel Dürren in der Sahel-Zone, finden in den Medien kaum Beachtung.

Welche Rolle spielen die Medien bei der Berichterstattung über Katastrophen?

Skyline von Los Angeles – immer wieder durch Erdbeben gefährdet.

Sind Klimaveränderungen etwas Neues?

Veränderungen und Schwankungen im Klima gab es auch früher. Aber weil der Mensch immer stärker in die Natur eingreift, beeinflusst er auch die Klimaveränderungen – nur ist er sich darüber meist nicht im Klaren.

Beginnt man die Ursachen des Klimawandels zu verstehen?

Erst seit einigen Jahrzehnten beginnt man zu verstehen, dass vor allem die Wirtschafts- und Lebensweise der Menschen in den Industrieländern Natur und Klima ernsthaft schädigen.

Was unternehmen die Staaten gegen den Klimawandel?

Bereits Anfang der 1990er Jahre hatten sich die Industrienationen der Welt verpflichtet, den Ausstoß von Treibhausgasen und Kohlendioxid zu verringern – eine Vereinbarung, die bisher nur von wenigen Ländern, unter anderem auch von Deutschland, umgesetzt worden ist.

Was kann der Einzelne tun?

Klimaschutz fängt bei umweltbewusstem Handeln jedes Einzelnen an. Dazu gehört, keine Produkte zu kaufen, die mit umweltschädlichen Stoffen und Verfahren hergestellt wurden. Vieles, was günstig zu kaufen ist, wäre wesentlich teurer, wenn man die Kosten der Umweltschäden, die durch seine Herstellung entstehen, mit einrechnen würde.

Zu den Lehren für die Zukunft und den Umweltschutz gehört auch die drastische Reduzierung von Schadstoffen durch Industrieabgase.

Torgau in Sachsen, im August 2002. Unermüdlich schleppen Bundeswehrsoldaten Sandsäcke zur Stabilisierung des durchweichten Elbdeichs.

Die 1990er Jahre waren von den Vereinten Nationen zum Internationalen Jahrzehnt (Dekade) der Katastrophenvorbeugung ausgerufen worden. Erklärtes Ziel war es, nicht nur die Rettungsmaßnahmen bei Naturkatastrophen zu verbessern, sondern deren Auswirkungen zu mindern (Katastrophenprävention). Ein scheinbar kleines, aber wichtiges Ziel wurde erreicht: Durch so genannte Risikoabschätzungen sind sich Regierungen zunehmend der Gefahren und Kosten bewusst geworden, die durch eine falsche Bodennutzung und schädliche Umweltpraktiken entstehen können. Untersuchungen haben gezeigt, dass die Schäden und die Zahl der Opfer umso geringer sind, je mehr die Menschen auf Naturkatastrophen vorbereitet sind.

Was war das „Internationale Jahrzehnt der Katastrophenvorbeugung"?

Die Feuerwehr kann nicht nur Feuer löschen. Zu ihren wichtigsten Aufgaben zählt zwar der Brandschutz, vor allem in öffentlichen Gebäuden wie Schulen und Krankenhäusern. Aber auch bei Naturkatastrophen wird die Feuerwehr als Erste gerufen. Neben der Feuerwehr gibt es noch zahlreiche andere Hilfsorganisationen, wie Hubschrauberrettungsdienste, Lawinenwarndienste, Höhlenrettung und Wasserrettung.

Wer hilft in Deutschland bei Katastrophen?

Für die Notfall- und Katastrophenmedizin ist das Deutsche Rote Kreuz zur Stelle. Außerdem sind alle Krankenhäuser der Bundesrepublik mit einer notfallmedizinischen Grundversorgung ausgestattet, die zum Beispiel auch Impfstoffe umfasst.

Wer hilft in medizinischen Notfällen?

Nach Naturkatastrophen, vor allem in Entwicklungsländern, helfen auch deutsche und internationale Organisationen beim Wiederaufbau. Dazu zählen zum Beispiel das Internationale Komitee vom Roten Kreuz (IKRK), Ärzte ohne Grenzen, UNICEF, das Flüchtlingshilfswerk der Vereinten Nationen (UNHCR) und Caritas international.

Wer hilft international bei Katastrophen?

Bildquellen: AKG Archiv für Kunst und Geschichte, Berlin (1), CINETEXT, Frankfurt a. M. (5), Earth Sciences and Image Analysis Laboratory at Johnson Space Center, NASA (4), EROS Data Center, NASA, Ron Beck (2), footage.org (37), footage.org, Photodisc (24), footage.org/Corbis Royalty Free (7), footage.org/ Ingram Publishing (1), footage.org/josef Höckner (2), footage.org/ Marco Spitz (1), Institut für Geophysik der Universität Göttingen (1), Landsat 7 Science Team and NASA GSFC (1), MODIS Rapid Response Team, NASA/GSFC, Jacques Descloitres (9), NASA GSFC Oceans and Ice Branch and the Landsat 7 Science Team, Robert Simmon (2), NASA GSFC Science Visualizations Studio, Cindy Star (1) TOMS science, Greg Shirah (1) NASA Headquarter/Asif A. Siddigi (1), NASA Marshall Space Flight Center (5), NASA JPL (7), NASA/GSFC/MITI/ERSDAC/JAROS, and U. S. /Japan ASTER Science Team (1), NASA/JPL/NIMA (2), PHOTOPRESS München (14), Picture-Alliance, dpa (9), TransGlobe Agency, Hamburg (20), USGS EROS Data Center Satellite Systems Branch, NASA (3), Wimmer, H. K. (1), ZENTRALANSTALT FÜR METEOROLOGIE UND GEODYNAMIK, Wien (3); Covermotive: dpa